10대를 위한

경제학 수첩

돌콩 사회 똑똑
10대를 위한 경제학 수첩

© 글 이완배, 2015

1판 1쇄 발행 2015년 1월 15일 | **1판 6쇄 발행** 2020년 7월 15일
글 이완배 | **그림** 박정원
펴낸이 권준구 | **펴낸곳** (주)지학사
본부장 황홍규 | **편집** 문지연 김솔지 | **디자인** 이혜진
제작 김현정 이진형 강석준 방연주 | **마케팅** 송성만 손정빈 윤술옥 이예현
등록 2010년 1월 29일(제313-2010-24호) | **주소** 서울시 마포구 신촌로6길 5
전화 02.330.5297 | **팩스** 02.3141.4488 | **이메일** arbolbooks@naver.com
ISBN 979-11-85786-24-7 74300
ISBN 979-11-85786-09-4 74300(세트)
잘못된 책은 구입하신 곳에서 바꿔 드립니다.

이 도서의 국립중앙도서관 출판시도서목록(CIP)은 서지정보유통지원시스템 홈페이지(http://seoji.nl.go.kr)와
국가자료공동목록시스템(http://www.nl.go.kr/kolisnet)에서 이용하실 수 있습니다.(CIP제어번호: CIP2017004514)

지학사아르볼   아르볼은 '나무'를 뜻하는 스페인어. 어린이들의 마음에
담긴 씨앗을 알찬 열매로 맺게 하는 나무가 되겠습니다.
홈페이지 www.jihak.co.kr/arb/book | **포스트** post.naver.com/arbolbooks

돌콩 사회 똑똑

10대를 위한

경제학 수첩

글 이완배 그림 박정원

주식회사

모라토리엄

수요-공급

환율

지학사아르볼

차가운 머리와 따뜻한 가슴이 필요한 시대

위대한 경제학자 알프레드 마샬은 자신의 제자들에게 "차가운 머리와 따뜻한 가슴을 가져 달라"고 말했습니다. 이후 '차가운 머리와 따뜻한 가슴'이라는 말은 의사들의 히포크라테스 선서처럼 경제학도들의 마음에 가장 중요한 목표이자 의무로 자리 잡았습니다. 그래서 이 말은 '경제학의 기사도 정신'이라고 불립니다.

이 명언은 '경제학이란 무엇인가? 우리가 왜 경제학을 배워야 하는가?'라는 질문에 가장 명쾌한 답이라고 생각합니다. '차가운 머리'란 효율적인 판단을 하기 위한 냉정한 두뇌를 뜻합니다. 효율적으로 생각하기 위해서는 어떤 상황에서도 냉정을 잃지 않고 이익을 최대한 늘리기 위해 차분히 판단해야 합니다. 이러한 차가운 머리는 주로 '나의 만족'을 높이는 데 사용됩니다.

그러나 세상은 나 혼자만 사는 곳이 아니라, 많은 이웃과 어울려 '사회'를 이루고 삽니다. 우리가 사회를 이루고 다른 사람들과 어울려 사는 한, 그 사회도 사회 전체의 만족을 위해 합리적인 선택을 해

야 합니다. 내 만족을 높일 나의 권리뿐 아니라, 다른 사람도 그와 똑같은 권리를 누릴 수 있도록 배려해 주는 것이 필요하다는 것입니다. 이때 필요한 것이 바로 '따뜻한 가슴'입니다.

문제는, 인간은 자기 만족을 높이기 위해 최선을 다하다 보면 다른 사람에 대한 배려를 잊어버리는 경우가 많다는 것입니다. 그러한 배려를 잊는 사람이 늘어나면, 사회 전체적으로 효율적인 선택을 하지 못하게 되지요. 그러므로 각 개인이 추구하는 '차가운 머리'도 필요하지만, 이것을 사회 전체적으로도 조화를 이룰 수 있게 조정하는 '따뜻한 가슴'이 반드시 필요한 것입니다.

이 책을 읽는 독자 여러분들은 이제 '나'를 벗어나서 '세상'을 보기 시작하는 시기를 맞았을 것입니다. 차가운 머리로 '나'를 가장 효율적으로 활용하는 법을 배우고, 따뜻한 가슴으로 세상을 정확하게 해석하는 법을 배우는 것. 이 두 가지를 익힌다면 여러분 인생에 매우 소중한 자산이 될 것입니다.

아울러 이 책은 『중학 독서평설』에 연재한 「중딩을 위한 경제학 수첩」을 바탕으로 만들었습니다. 제 아이들에게 읽힌다는 생각으로 쓴 글이지요. 부디 이 책이 경제학을 처음 접하는 10대들에게 도움이 되기를 간절히 소망합니다.

－ 햇볕이 잘 드는 '아빠의 방'에서

이완배

차례

01

세상을 지배하는 새로운 주인

화폐의 기능

교과 연계
초등 4학년 2학기 사회 2. 필요한 것의 생산과 교환
중학 사회 ① 14. 시장 경제의 이해

여러분은 용돈이 생기면 그 돈으로 무엇을 하나요? 친구들과 맛있는 것을 사 먹거나 갖고 싶었던 물건을 사겠지요? 또, 갖고 싶은 물건을 사기 위해 돈을 모으기도 하고요.
여러분이 돈을 가지고 하는 이러한 대부분의 행동은 화폐의 기능과 밀접한 관련이 있어요. 자, 그럼 화폐란 무엇인지, 어떤 기능이 있는지 자세히 알아볼까요?

9

돈이라 부를 수 없는 돈

우리, 재미있는 상상을 하나 하면서 이 책을 시작해 볼까요?

지금 여러분 각자의 집에 돈이 산더미처럼 쌓여 있다고 생각해 봐요. 상상만으로도 행복한가요? 그럼 이번에는 좀 황당한 상상을 해 보죠. 집에 돈이 산더미처럼 쌓여 있는데, 그 돈으로 할 수 있는 게 별로 없다면 어떨까요? 이게 무슨 말이냐고요? 예를 들어, 껌 하나에 1,000억 원쯤 하는 겁니다. 산더미처럼 쌓인 돈을 끙끙대고 가져가 봐야 껌 한 통조차 살 수 없는 현실이 닥친다면 얼마나 황당하겠어요? 세상에, 그런 일이 어떻게 생기느냐고요? 그런데 그렇지가 않습니다. 지금 앞에서 설명한 일이 인류 역사에 실제로 여러 번 일어났으니까요.

1920년대 독일은 제1차 세계 대전에서 지면서 큰 혼란에 빠집니다. 당시 가장 급했던 것이 전쟁 배상금을 갚는 일이었죠. 전쟁 배상금이란, 진 나라가 이긴 나라에 끼친 손해를 갚아야 하는 돈이에요. 독일은 이를 해결하기 위해 엉뚱한 방법을 씁니다. 배상금으로 줄 돈을 인쇄기로 왕창 찍어 갚기로 한 것이지요.

10화에서 자세히 공부하겠지만, 돈을 왕창

찍으면 물가(物^{물건 물}, 價^{가격 가})[※]가 오릅니다. 이 때문에 당시 독일의 물가는 상상을 초월[※]할 정도였습니다. 돈을 찍기 전인 1918년에는 0.5 마르크[※]면 빵 한 덩이를 살 수 있었지만, 1923년 11월에는 무려 1,000억 마르크가 필요했습니다. 심지어 마르크를 1달러로 바꾸기 위해서는 무려 4조 마르크가 필요했어요. 이 정도면 돈을 돈이라 부를 수 없는 세상이 된 것이지요.

화폐의 세 가지 기능

경제학은 한마디로 돈에 관한 학문입니다. 그렇다면 경제학을 제대로 이해하기 위해서는 돈, 즉 화폐가 무엇인지부터 알아야겠지요.

원래 화폐는 물건을 교환하는 수단이었습니다. 돈을 가져가면 필요한 물건을 내주지요. 즉, 돈과 필요한 물건을 서로 교환하는 겁니다. 경제학에서는 화폐에 세 가지 기능이 있다고 보는데, 이것이 바로 화폐의 첫 번째 기능인 '교환 기능'입니다.

※ **물가** 물건의 값
※ **초월** 한계나 표준을 뛰어넘음
※ **마르크** 독일의 화폐 단위

어서 돈을 모아서 사야지.

이 게임기 하나 주세요.

그런데 시간이 지나면서 다른 기능이 생기기 시작합니다. 돈이 있으면 여러 물건을 살 수 있기 때문에, 사람들은 돈을 더 많이 갖고 싶어 했죠. 그래서 일단 돈을 모아 두게 된 것입니다. 이것이 화폐의 두 번째 기능, 즉 '가치 저장의 기능'입니다.

세 번째 기능은 '가치 척도의 기능'입니다. 스마트폰 한 대의 가격을 50만 원, 80만 원, 이런 식으로 표현하지요? 즉, 가치를 나타내는 단위로 화폐를 이용하는 겁니다.

경제학, 화폐의 움직임을 연구하다

앞에서 얘기한 1920년대 독일의 상황을 살펴보면, 당시 독일의 화폐는 그 기능을 잃은 상태였습니다. 우선 교환 기능이 거의 없었습니다. 빵 한 덩이를 사기 위해 한 수레의 지폐를 싣고 가야 했으니 말입니다. 가치 저장의 기능도 잃었습니다. 집 가득히 지폐를 쌓아 둬도 뭐 하나 제대로 사 먹을

수가 없으니, 그 화폐는 저장해 봐야 아무 쓸모가 없었지요.

가치 척도의 기능도 잃었습니다. 커피 한 잔 마시는 동안 커피값이 두 배로 뛰는 세상에서, 화폐가 커피의 가치를 제대로 표현한다고 말할 수는 없으니까요.

앞에서 경제학은 돈에 대한 학문이라고 했지요? 끔찍했던 1920년대 독일의 상황을 연구하는 것도 경제학의 몫입니다. 경제학에서는 이렇게 물가가 비정상적으로 많이 오르는 것을 하이퍼인플레이션(hyperinfla-tion)이라고 부릅니다. 이 현상을 막기 위해 시중※에 사용되는 화폐의 양을 적절히 조절할 방법을 찾기 위해 노력하지요. '돈을 어느 정도 찍으면 물가가 몇 % 오르는구나!' 등을 계속 연구하는 겁니다.

세상을 지배하는 화폐

경제학이 중요한 이유는 세상이 끊임없이 변하기 때문입니다. 화폐가 처음 만들어졌을 때 가장 큰 역할은 교환 기능이었습니다. 하지만 요즘 화폐 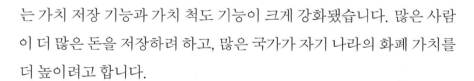 는 가치 저장 기능과 가치 척도 기능이 크게 강화됐습니다. 많은 사람이 더 많은 돈을 저장하려 하고, 많은 국가가 자기 나라의 화폐 가치를 더 높이려고 합니다.

※ **시중** 사람들이 생활하는 공개된 공간

사정이 이렇다 보니 더 많은 화폐를 모으기 위해 모두가 달려들고 있습니다. 개인뿐만 아니라 기업과 국가도요. 좀 심하게 말하면 돈이 세상을 지배하는 지경까지 이르렀단 말이죠.

중세 시대만 해도 가장 큰 권력자는 강력한 군대를 가진 이들이었습니다. 칼로 세상을 지배할 수 있었던 세상이었죠. 또 지배자들이 최고로 중요시한 것은 땅의 넓이와 지배하는 사람의 숫자였습니다. 그래서 역사상 가장 위대했던 지배자로 평가받는 이들은 부자가 아니라 알렉산더 대왕이나 칭기즈 칸처럼 드넓은 제국을 정복한 인물이었습니다.

하지만 요즘은 전혀 그렇지 않습니다. 누가 요즘 촌스럽게 땅 넓이로 권력의 크기를 평가합니까? 인구수가 많다고 해서 강대국이 될 수 있는 것도 아니지요. 땅 넓고 인구가 많은 중국을 예로 들어 볼  까요? 중국의 인구는 30년 전에도 8억 명을 넘었습니다. 하지만 그때 중국은 전혀 강대국이 아니었죠. 지금 중국이 강대국인 이유는 인구가 많아서가 아니고 저가(低낮을 저, 價가격 가)※ 공세※로 세계 경제를 휩쓸기 때문입니다.

※ **저가** 낮은 가격
※ **공세** 공격하는 자세

　이처럼 화폐의 권력이 막강하기 때문에 각 나라는 이 화폐에 관한 권한을 정치권력※과 분리합니다. 우리나라만 해도 화폐의 생산량을 정하는 곳은 정부가 아닙니다. 한국은행이지요.

　한국은행은 정부로부터 완전히 독립된 기구입니다. 다른 나라에도 한국은행처럼 화폐의 양을 조절하는 독립적인 기구가 존재하지요. 화폐에 관한 권한을 별도의 기구에 두는 이유는 간단합니다. 이 권한까지 정부가 가지면 그야말로 정부는 못 하는 게 없는 막강한 권력 집단이 되기 때문입니다. 지나친 힘의 집중을 막기 위해 정치권력과 경제 권력을 나누는 것이랍니다.

　그래서 하는 말인데요. 저축을 위해 한국은행에 찾아가지는 마세요. 한국은행은 화폐를 발행하고 그 양을 결정하는 최고 경제 기구일 뿐, 일반 은행과 달리 예금 같은 건 안 받으니까요.

※ **정치권력** 정치 기능을 수행하기 위한 권력

02

시장 경제를
지배하는 법칙

수요-공급의 법칙

교과 연계
초등 4학년 2학기 사회 2. 필요한 것의 생산과 교환
중학 사회① 14. 시장 경제의 이해

해마다 명절이나 김장철, 장마철 등이 다가오면, 신문이나 방송에 꼭 나오는 기사가 있습니다. 바로 채소, 과일, 고기 등의 가격이 변했다는 내용이지요. 이 시기에는 왜 꼭 이런 내용의 기사가 나오는 걸까요?
이는 판매하려는 물건의 양과 사려는 사람의 수에 따라 물건의 가격이 달라지기 때문입니다. '수요-공급의 법칙'에 영향을 받은 것이지요. 도대체 수요와 공급이 뭐기에 물건의 가격이 달라지는 것인지 더 자세히 살펴봐요.

21

　몇 년 전에 겪은 일입니다. 당시 초등학교 5학년이던 아들 녀석이 진지한 표정으로 저에게 다가오더군요. 그러더니 인터넷 페이지를 하나 보여 주면서 "아빠, 이것 좀 주문해 주시면 안 돼요? 돈은 제가 드릴게요."라는 겁니다. 초등학생이라 인터넷 결제를 할 방법이 없으니 아빠에게 부탁하는 건 충분히 이해할 일이죠. 그런데 이게 웬걸! 이 녀석이 사고 싶었던 것은 엉뚱하게도 일본에서 출판된 잡지였습니다. 전 일본어라고는 '아리가또 고자이마쓰'와 '오겡끼데쓰까'밖에 모르는 사람이어서 매우 놀랐지요.

　아들에게 "왜? 일본어 배우려고?"라고 물었더니, "아뇨. 이거 사면 레어※ 게임 카드를 득템할 수 있거든요."라는 겁니다. 아들의 말을 곰곰이 생각해 보니, 아주 귀한 게임 카드를 얻을 수 있다는 뜻 같더군요. 알고 보니 이 일본 잡지를 사면, 부록으로 게임 카드를 준다는 겁니다.

　하지만 카드 한 장을 얻으려고 아무 쓸데없는 1만 원짜리 잡지를 산다는 건 도무지 이해할 수 없었습니다.

　※ 레어(rare) 귀한, 보기 힘든

더 자세히 물었더니 "아빠, 이 카드 정말 귀한 거예요. 이거 구하려면 10만 원은 있어야 해요. 그러니 1만 원 주고 부록으로 받는 게 훨씬 이익이라고요!"라고 하더군요. 카드 한 장에 10만 원이 넘는다는 말에 "그 카드는 금으로 만들었느냐?"고 물어볼 뻔한 걸 겨우 참았습니다. 후유, 아빠가 이해

> 윽, 종이 카드 하나 사려고 만 원을 쓰다니…….

> 만 원으로 10만 원짜리를 샀으니 대박인 거죠!

해야죠. 아이들만의 세계에는 어른이 모르는 뭔가가 있을 테니까요.

수요와 공급, 가격 결정의 구조

이번 장에서 우리는 수요와 공급, 그리고 가격에 대해 알아볼 겁니다.

수요란 '구매 능력을 갖춘 욕구'를 말합니다. 쉽게 말하면, 실제 살 생각도 있고 능력도 있는 사람들이 가진 '어떤 물건을 사고자 하는 의지'를 뜻하지요.

수요가 되려면 사고자 하는 '의지'와 살 수 있는 '능력', 이 두 가지가 필요합니다. 예를 들어, 여러분 지갑에 1만 원이 있다고 칩시다. 이때 '아, 돈가스 먹고 싶다.'고 말하면 이는 돈가스라는 제품에 대한 수요가 됩니다. 하지만 '아, 다이아몬드 사고 싶다.'고 생각하면 이건 수요가 아니지요. 왜냐하면 여러분은 다이아몬드를 살 의지는 있지만, 능

력이 없기 때문입니다.

공급은 상품을 팔 의지를 말합니다. 여기에서도 마찬가지로 두 가지 요소가 필요합니다. 첫째로 상품이 있거나 혹은 상품을 만들 능력이 있어야 합니다. 둘째로 그것을 팔 의지가 있어야 합니다.

이 수요와 공급은 가격에 대해 정반대의 움직임을 나타냅니다. 수요는 가격이 오를수록 작아지고 내릴수록 커집니다. 한마디로 물건값이 싸지면 더 많이 사고 싶어지는 것이지요. 반대로 공급은 가격이 오를수록 커지고 내릴수록 작아집니다. 물건값이 오르면 물건을 파는 사람은 공급을 더 늘리고 싶어 하겠죠. 반대로 가격이 내려가면 사려는 사람은 좋지만, 팔려는 사람은 시무룩해져서 공급을 줄이려고 하지 않겠어요?

그래서 가격은 수요와 공급 사이에서 계속 오르락내리락 하면서 속된 말로 '간'을 봅니다. 상상해 볼까요? 물건을 팔려는 사람이 가격을 살짝 올렸습니다. 어휴! 그랬더니 사려는 사람, 즉 수요가 줄어 물건이 안 팔리네요. 이번에는 가격을 살짝 내려 볼까요? 아싸! 이번에는 사려는

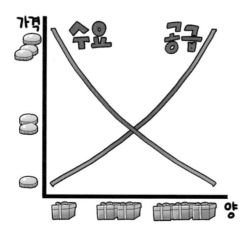

사람이 줄을 서서 오히려 물건이 모자라군요.

그래서 이번에는 아까보다 가격을 살짝 올려 수요가 어떻게 변하는지 살펴봅니다. 그리고 어느 정도 수요가 있는지 본 뒤 가격을 조정합니다.

이 과정을 반복하면 언젠가 수

요와 공급이 정확히 같아지는 가격이 나옵니다. 이 가격을 균형 가격이라 하고, 이 상태를 시장의 균형이라고 합니다. 수요와 공급이 같아지면 모두가 행복합니다. 팔려는 사람은 물건이 남거나 모자라지 않아 좋고, 사려는 사람은 물건이 모자라 헤매는 경우를 줄일 수 있으니까요.

우리가 시중에서 사고파는 대부분의 물건값은 바로 이 복잡한 과정을 거쳐 결정되는 겁니다.

◀ 시장 경제와 계획 경제의 차이 ▶

앞에서 살펴본 슈퍼 레어 게임 카드, 이 평범한 종이 카드 한 장의 가격이 10만 원이 넘는 이유가 여기에 있습니다. 공급이 워낙 적어서 구하기 어려운데, 사려는 사람은 많아서 이처럼 비싼 거죠. 즉, 10만 원을 주고 사려는 사람(수요)이 있기

때문에, 그 가격이 바로 수요와 공급이 일치하는 가격이 되는 겁니다.

반대로 시중에 수만 장이 나돌고 있는 흔하고 레벨 낮은 카드는 한 장에 100원도 안 하더군요. 심지어 우리 아들은 이런 카드를 그냥 버립니다. "그걸 왜 버리니?"라고 물어보니, "이런 건 그냥 줘도 가져가는

애가 없어요."라고 말했습니다. 공급은 넘치는데 수요는 없으니, 가격이 끝없이 떨어지는 겁니다.

여기서 한 가지 주의할 점이 있습니다. 우리는 앞에서 가격이 어떻게 결정되는지 살펴보았죠. 그런데 이 가격이 결정되는 과정을 누가 관리하나요? 정부? 학교? 아니면 우리 아빠?

정답은 '아무도 관리하지 않는다.'입니다. 앞으로도 자주 보겠지만, 우리가 살고 있는 경제 시스템을 '시장 경제'라고 부릅니다. 여기서의 시장은 동대문 시장 같은 진짜 시장이 아니고 수요와 공급에 의해 가격이 결정되는 가상의 공간입니다.

시장 경제의 핵심은 '가격은 아무도 참여하지 않아도 저절로 합리적으로 결정된다.'는 점입니다. 슈퍼 레어 게임 카드를 10만 원에 사고팔 때 이를 말리는 사람은 아무도 없습니다. 사려는 사람과 팔려는 사람이 서로 가격을 재다가 수요와 공급이 일치하는 곳에서 자연스럽게 가격이 결정되는 것이죠.

그렇다면 이 사실이 왜 중요할까요? 이는 우리가 살고 있는 시장 경제 시스템이 누군가의 간섭을 아주 싫어한다는 것을 의미하기 때문입니다.

예를 들어, 라면 한 봉지의 가격이 1,000원이라고 해 봅시다. 시장 경제에서는 이 가격을 누군가가 일부러 "너무 비싸다! 500원으로 내려!"라고 해서는 안 된다는 겁니다. 시장에서 결정된 가격 1,000원은 아주 합리적인 수요와 공급의 움직임에 의해 정해진 것이기 때문이죠.

시장 경제와는 반대로 누군가가 이 가격을 결정해 주는 경제 시스템을 보통 '계획 경제'라고 부릅니다. 계획 경제를 주로 사용하는 나라는 북한 같은 사회주의[*] 국가들이죠.

예를 들어, 북한은 비누 하나만 해도 그 가격과 생산량을 정부가 다 결정합니다. "올해 비누는 10만 개 생산하고 가격은 15원으로 하라."는 걸 정부가 결정한다는 뜻입니다. 그런데 만약 그해에 너무 더워서 사람들이 자주 씻으면 어떻게 되죠? 시장 경제라면 수요가 늘었으니 비누 가격이 올라갈 테고, 따라서 공급도 늘어나 비누 생산량이 다시 새로운 균형을 찾아갈 겁니다. 하지만 사회주의에서는 불가능한 일입니다. 자주 씻느라 비누를 다 썼다면, 그 후엔 비누 없이 땀 냄새를 풍기며 살아야 합니다. 이미 정부가 그해의 생산량을 정했으니까요.

바로 이 점이 시장 경제와 계획 경제의 가장 큰 차이점입니다. 계획 경제를 사용했던 대부분의 나라는 다 실패를 겪었습니다. 너무 비효율적이기 때문이죠.

반면에 수요와 공급에 의해 가격이 결정되고, 이 가격의 움직임에 따라 경제가 움직인다는 점은 효율적이지요. 따라서 이것은 시장 경제가 가진 큰 장점이라고 할 수 있답니다.

수요와 공급에 의해 결정되는 농산물의 가격

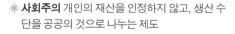

[*] **사회주의** 개인의 재산을 인정하지 않고, 생산 수단을 공공의 것으로 나누는 제도

27

곡물값과 아이스크림값은 무슨 관계일까?

애그플레이션

교과 연계
초등 6학년 1학기 사회 2. 우리나라의 경제 발전
중학 사회② 12. 국제 경제와 세계화

세계적인 금융인 짐 로저스는 농산물의 가격이 수년 안에 매우 많이 오를 것이라고 했어요. 바로 애그플레이션 때문이에요.

애그플레이션은 2007년에 세계 최악의 식량난을 겪으면서 쓰기 시작한 경제 용어예요. 곡물값이 올라서 다른 물건의 가격도 함께 오르는 현상이지요. 곡물값이 다른 물가와 어떤 연관이 있기에 이런 현상이 나타난 걸까요?

30

믿을 수 없는 현실

세계를 지배하는 사악한 악마가 있습니다. 이 악마는 무시무시한 기운을 내뿜으며 사람들을 공격합니다. 그것도 열 살이 채 안 된 어린이들만 집중적으로요.

아직 자신의 꿈을 채 피워 보지도 못한 약한 어린이들이 악마가 휩쓸고 간 자리 위에 쓰러집니다. 째깍째깍 째깍째깍……. 잔인한 악마는 5초에 한 명꼴로 어린이들의 목숨을 앗아 갑니다. 지금 이 글을 읽고 있는 사이에도 또 한 명의 소중한 어린이가 악마에게 목숨을 빼앗겼습니다.

갑자기 왜 공포 분위기를 만드느냐고요? 무서웠다면 미안하군요. 하지만 악마 이야기는 엄연히 실제 상황입니다. 바로 지금 이 순간에도 악마는 세상을 지배하고 있으니까요.

이 악마는 누구일까요? 바로 '영양실조'입니다. 영양실조는 순전히 먹지 못해 생기는 병입니다. 우리나라에는 영양실조인 사람이 흔하지 않지만, 지구상에는 단지 먹을 것이 없다는 이유로 이 몹쓸 병에 걸린 사람들이 현재 약 8억 530만 명※이나 됩니다. 숫자를 잘 보세요. 이는 전 세계 인구의 10%가 넘는 숫자입니다.

※ 유엔 식량 농업 기구·국제 농업 개발 기금·세계 식량 계획에서 펴낸 〈2014 세계 식량 불안 상황 보고서〉 참고

32

세계를 덮친 애그플레이션

이번에 배울 경제 용어는 애그플레이션(agflation)입니다. 2007년에 영국의 경제 주간지 〈이코노미스트〉가 처음으로 이 용어를 사용했으니, 그리 오래된 말은 아닙니다.

애그플레이션은 농업을 뜻하는 '애그리컬처(agriculture)'와 물가 상승을 뜻하는 '인플레이션(inflation)' 두 단어를 합쳐서 만든 것입니다. 따라서 애그플레이션은 '농산물의 가격 급등', 혹은 '농산물 가격이 올라 다른 물가까지 오르는 현상'을 뜻합니다.

물가가 오르는 이유는 여러 가지가 있습니다만, 보통은 물건을 사겠다는 사람은 많은데 파는 물건이 부족할 때 생깁니다. 물건은 모자라는데, 너도나도 그 물건을 사겠다고 하니 파는 사람이 배짱을 부리면서 물건값을 확 올리는 것이지요.

농산물은 농업을 통해 생산된 물자를 말합니다. 우리가 매일 먹는 쌀과 밀가루, 옥수수 같은 곡식이 대표적이지요. 우리야 매일 흰쌀밥을 먹으니 농산물을 비롯한 식량의 소중함을 잘 모르지만, 먹을 것이 없는 사람들에게 식량은 그야말로 생명줄 같은 것입니다.

그런데 이 식량 가격이 2007년부터 어마어마하게 오르고 있

습니다. 2007년에서 2009년 사이에 곡물 가격이 두 배로 뛴 것이죠. 이때 등장한 용어가 애그플레이션입니다. 안 그래도 먹을 것이 없던 가난한 사람들에게 애그플레이션은 그야말로 재앙이었습니다.

도대체 왜 이런 일이 일어났을까요? 단 3년 만에 식량 가격이 배로 뛰었다면, 이는 분명히 식량을 사려는 사람은 많은데, 식량의 양이 부족했기 때문일 것입니다.

그렇다면 왜 이 무렵에 식량이 갑자기 부족해졌을까요? 인구가 많이 늘어난 것일까요? 물론 인구는 늘 조금씩 늘어났습니다. 하지만 그 3년 동안 곡물 가격이 배로 뛸 정도로 유난히 인구가 늘어난 것은 아닙니다.

게다가 지금 지구는 약 130억 명이 먹을 만한 식량을 생산해 낼 능력이 있습니다. 하지만 지구의 인구는 고작(!) 72억 명 정도입니다. 따라서 곡식의 양은 남아돌면 남아돌았지, 절대 부족할 리가 없습니다.

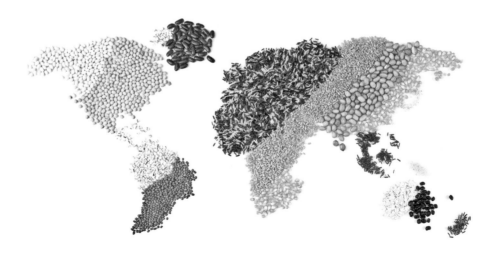

소와 자동차가 인간 대신 누리는 행복

　그럼에도 불구하고 식량이 부족해진 이유는 무엇일까요? 그것은 사람이 먹어야 할 식량이 다른 곳에 사용되고 있기 때문입니다. 식량을 생산하는 사람은 농민이지만, 그 식량으로 돈을 버는 곳은 따로 있습니다. 바로 곡물만을 전문적으로 사고팔아 이익을 챙기는 '곡물 회사'이지요. 세계적인 곡물 회사로 다섯 개의 기업이 있는데, 이들을 '5대 곡물 메이저'※라고 부릅니다. 그리고 5대 곡물 메이저가 거래하는 곡물은 세계 곡물 거래량의 80%를 넘습니다. 사실상 지구에서 생산되는 식량의 대부분이 이들 손에서 거래되는 것이지요.

　식량을 어디에 팔 것이냐, 그리고 얼마나 생산할 것이냐를 결정하는 것도 이들입니다. 이들은 굳이 식량을 충분히 생산하라고 농민들에게 요구하지 않습니다. 식량이 부족해 곡물 가격이 오르면 자연스럽게 곡물을 파는 이들의 이익도 늘어나기 때문입니다. 실제 2007년에서 2009년 사이에 곡물 가격이 배로 뛰어 수많은 사람이 굶어 죽었을 때, 이들 5대

우리는 가격이 뛰는 만큼 번다~.

※ **5대 곡물 메이저** 미국의 카길과 콘티넨털, 프랑스의 루이드레퓌스, 스위스의 앙드레, 아르헨티나의 붕게

곡물 메이저의 이익은 오히려 40% 이상 늘어났습니다.

　문제는 돈입니다. 돈을 더 벌어야겠다는 욕심이 어린이들의 목숨을 앗아 가는 악마를 만들어 냈습니다. 기업들은 곡물을 팔 때 그 곡물이 사람 입에 들어가는지, 동물 입에 들어가는지 전혀 상관하지 않습니다. 가격만 높게 쳐준다면 누구에게나 그 곡물을 팔아 버립니다.

　그럼 그렇게 팔린 곡물은 어디로 갈까요? 지구에서 생산되는 곡물의 25%는 사람이 아닌 소가 먹습니다. 8억 530만 명이 영양실조에 걸려 있는데도요. 왜냐고요? 옥수수를 소에게 먹인 뒤 그 소고기로 햄버거를 만들어 팔면 돈을 많이 벌 수 있지만, 옥수수를 아프리카 난민들에게 팔면 돈을 많이 못 벌기 때문입니다. 거대한 패스트푸드 업체가 아프리카 난민들보다 훨씬 더 비싼 가격에 옥수수를 사 줄 능력이 있다는 것이지요.

　또 한 가지. 2007년부터 '바이오 연료'를 개발해 쓰자는 주장이 세계에 불었습니다. 석유나 석탄 등 땅속에 있는 화석 연료를 사용하지 말고, 옥수수로부터 에탄올이라는 물질을 추출해 그것을 연료로 사용하면 환경을 보호할 수 있다는 것이었습니다. 바이오 연료를 생산하기 위해 필수적인 것이 바로 옥수수입니다. 그래서 수많은 대기업이 이 연료를 개발하기 위해 아프리카에서 옥수수를 재배하기 시작합니다. 농장에서 일하는 사람들은 물론 아프리카 사람들이었지요.

하지만 굶주림에 시달리는 아프리카 사람들은 정작 농장에서 생산된 옥수수를 먹을 수 없습니다. 옥수수는 곧장 공장으로 들어가 에탄올이 되고, 자동차 연료로 변하기 때문입니다. 사람은 굶어 죽고 있는데, 소와 자동차는 배가 부른 슬픈 현실이 지금 이 시대에 벌어지고 있습니다.

위대한 경제학자 앨프리드 마셜은 1885년 영국 케임브리지 대학 경제학부 교수 취임 연설에서 제자들에게 "차가운 머리와 따뜻한 가슴(cool head and warm heart)을 가져 달라!"고 말했습니다. 돈을 벌기 위해서는 냉정하게 생각해야 합니다. '차가운 머리'가 필요한 것이지요. 하지만 경제학은 나 혼자 잘 먹고 잘사는 것을 연구하는 학문이 아닙니다. 나 외에 다른 사람, 이 사회를 구성하는 나의 이웃들, 그리고 지구 위에 살고 있는 모든 인류의 행복을 위한 학문입니다. 그래서 '차가운 머리'만큼이나 필요한 것이 바로 '따뜻한 가슴'입니다. 5초에 한 명의 어린이가 목숨을 잃는 이 슬픈 현실 속에서, 우리에게 지금 더 필요한 것이 무엇인지를 곰곰이 생각해 봐야 할 때입니다.

04

라이벌인가, 친구인가?

▶ 대체재와 보완재

교과 연계
초등 4학년 2학기 사회 2. 필요한 것의 생산과 교환
중학 사회① 14. 시장 경제의 이해

'빵이 없으면 케이크를 먹어라!' 이 유명한 말은 프랑스 왕 루이 16세의 왕비였던 마리 앙투아네트가 한 말로 알려졌어요. 그녀가 이 말을 진짜로 했는지는 정확하지 않지만, 우리의 일상생활에서 빵은 케이크를 대신할 수 있지요. 꿩 대신 닭처럼 말이에요.

이번엔 마리 앙투아네트가 말한 것처럼 빵 대신 케이크를 먹는 상상을 해 봅시다. 열심히 먹다 보니 목이 메어 우유가 생각나겠지요. 피자를 먹으면 콜라가, 감자튀김을 먹으면 케첩이 생각날 거고요. 마치 바늘 가는 데 실 가는 것처럼 말이에요. 이런 관계들을 경제학에선 뭐라고 할까요?

39

음, 두 사람이 자기 역할을 제대로 모르고 있구나!

두 사람이 반장 후보일 땐 서로 경쟁자였지. 그때 둘은 라이벌인 대체재 관계였어.

대체재 관계

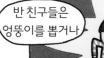

반 친구들은 엉뚱이를 뽑거나

엉뚱이가 싫으면 대신 똑똑이를 뽑는 거니까.

반장은 부반장의 부족한 점을,

부반장은 반장의 부족한 점을 도와주는 그런 관계란 말이지. 바늘과 실처럼!

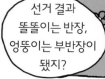

선거 결과 똑똑이는 반장, 엉뚱이는 부반장이 됐지?

둘은 이제 대체재가 아니라 도와주는 보완재 관계가 돼야 해.

네, 선생님.

다음날

너희들 지금 뭐 하니?

보완재 관계가 되기 위해 반 대항 축구 시합 전략을 영어로 짜고 있어요.

미드필더가 라이트 사이드를 어택하면서 스무드하게 볼을 드리블해서 센터 라인에 볼을 인젝션하면……

녀석들……

41

만리장성 4인방의 비밀

한때 드라마 〈꽃보다 남자〉에서 나온 F4가 유행하며 '4인방' 시대를 만들었습니다. 그래서 무엇만 했다 하면 넷씩 묶어서 F4란 별명을 붙였지요. 그런데 사실 이렇게 넷씩 묶는 4인방의 원조는 따로 있습니다. 바로 1987년에 주식※ 시장을 달군 '만리장성 4인방'입니다. 요즘 방식으로 하면 'M4'쯤 되겠군요. 이야기는 이렇습니다.

1987년, 우리나라는 중국과 처음으로 외교를 맺었습니다. 그리고 우리 기업이 드디어 중국에 진출할 길이 열렸지요. 그런데 주식 시장에서 이상한 소문이 돌기 시작했습니다. 중국 정부가 만리장성에 바람막이를 설치하기로 했는데, 그 공사에 우리나라 기업인 대한알루미늄의 제품이 사용된다는 소문

중국을 대표하는 문화재 '만리장성'

이었습니다. 그러자 갑자기 대한알루미늄 주가※가 하늘 높은 줄 모르고 뛰면서 '만리장성 4인방'의 첫 멤버가 됩니다.

2번 타자는 검정 고무신을 만들던 태화라는 기업이었습니다. 공사 현장에서 신을 노동자들의 신발을 이 회사가 만든다는 소문이 나돈 것이지요. 3번 타자는 삼립식품. 노동자들이 쉬는 시간에 먹을 간식으로

※ **주식** 주식회사의 자본을 구성하는 단위(5화 참고)
※ **주가** 주식의 가격

우리는 만리장성 4인방입니다!

호빵이 선정됐다는 소식에 주가가 마구 치솟습니다. 그리고 마지막으로 한독 약품이 M4에 합류합니다. 노동자들이 호빵을 먹다가 체하면 이 회사의 소화제가 사용될 것이라는 소문과 함께요.

헛소문 때문에 주가가 오르다니 엉뚱하지요? 그런데 이 이야기는 그냥 듣고 웃어넘길 코미디가 아니라 소중한 공부 자료입니다. 경제학적으로 바라봤을 때, '모든 세상은 아주 촘촘하게 연결돼 있다'는 사실을 알 수 있기 때문입니다.

대체재와 보완재

대체재(代대신할 대, 替바꿀 체, 財재물 재)와 보완재(補도울 보, 完완전할 완, 財재물 재). 한자로 써 놓으니 어려워 보이지만, 사실 알고 보면 쉽습니다. 이 두 용어의 차이를 이해하기 위한 가장 쉬운 방법은 속담과 연결하는 것입니다. 대체재는 '꿩 대신 닭'의 관계이고, 보완재는 '바늘과 실'의 관계이지요.

우선 대체재에 대해 살펴볼까요? 경제 교과서에서는 대체재를 이렇게 설명합니다. '물건은 서로 다른데, 사용해 보면 비슷한 만족을 얻을 수 있는 물건이다.' 어렵다고요? 예를 들어 볼게요. 따뜻한 차를 마시고 싶습니다. 녹차가 좋겠네요.
그런데 집에 녹차가 없습니다.
그러면 어떻게 할까요? 콜라
를 마실 수는 없잖아요? 따뜻
한 걸 마시고 싶으니까요. 그

러면 홍차를 마시면 되겠군요. 바로 이때 녹차와 홍차는 대체재 관계가
됩니다. 꿩 대신 닭이죠. 녹차가 없으면 홍차, 홍차가 없으면 녹차. 연
필과 볼펜도 마찬가지입니다. 역시 꿩 대신 닭이지요. 연필이 없으면
볼펜, 볼펜이 없으면 연필. 아, 그리고 보니 꿩하고 닭도 대체재 관계네
요. 적절한 예를 괜히 먼 데서 찾았군요. 닭고기를 먹고 싶은데 닭이 없
으면 꿩고기를 먹는 겁니다.

　이번에는 보완재를 볼게요. '두 물건이 있는데, 동시에 사용하면 얻
을 수 있는 만족이 매우 커지는 물건이다.' 좀 더 쉽게 말하자면, 두 물
건이 있는데 그 물건의 관계가 '바늘과 실'인 것입니다. 생각해 보세요.
바늘은 혼자 있는 것보다, 실과 함께 묶어서 사용할 때 비로소 제대로
쓰일 수 있지요? 따라서 보완재는 하나씩 따로 사는 것보다 묶음으로
사는 게 더 좋습니다. 그래서 하나가 잘 팔리면 다른 하나도 잘 팔리는
성격이 있지요.

　예를 들면, 자동차와 타이어가 있
겠네요. 자동차가 많이 팔리면
덩달아 타이어도 많이 팔립니다.
바늘이 가면 실이 가듯 말이지요.

스마트폰과 스마트폰 케이스도 보완재입니다. 스마트폰이 많이 팔려야 케이스도 잘 팔리는 것입니다. 둘의 사이가 무척 좋지요?

　여기서 한 가지 짚고 넘어갈 것이 있습니다. 대체재에 속하는 두 물건은 보통 라이벌 관계인 경우가 많습니다. 대체재는 '꿩 대신 닭'이라고 했지요? 꿩과 닭은 라이벌입니다. 꿩고기를 사 먹은 사람이 바로 또 치킨을 사 먹지는 않으니까요. 이래서 대체재를 라이벌에 비교하는 겁니다. 하나가 잘되면 다른 하나는 잘 안 되는 경우가 많은 거지요. 그래서 실제로 경제학에서는 대체재를 '경쟁재'라고도 부릅니다.

　반면 보완재는 '친구 사이'에 가깝습니다. '바늘과 실'처럼 말이지요. 자동차가 잘 팔리면 타이어도 잘 팔립니다. 그래서 경제학에서는 보완재를 '협동재'라고도 부릅니다.

모든 세상은 연결돼 있다

　그런데 여기까지 읽고 나니 한 가지 궁금증이 생기지 않나요? 도대체 이런 걸 왜 배우는 걸까요? 경제학은 세상을 해석하고 예측하는 학문입니다. '만리장성 4인방'에서 보았듯이 모든 세상은 아주 촘촘하게 연결돼 있어요. 경제학은 바로 이렇게 촘촘히

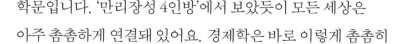

연결된 세상의 관계를 논리적으로 해석합니다. 대체재와 보완재도 바로 그런 이유에서 배우는 것입니다.

만리장성에서 바람막이 공사를 하는데 소화제 만드는 회사의 주가가 왜 오를까요? 일반적으로 생각하면 아리송하지만, 경제학적으로 보면 설명이 됩니다. 주식 시장에서는 바람막이 공사 장비와 고무신을 '보완재'로 바라본 것입니다. 바늘과 실, 절친한 친구 사이로 말이지요. 호빵과 소화제도 이런 상황에서는 보완재입니다. 호빵을 많이 먹으면 배탈이 잘 나고, 배탈이 나면 소화제가 잘 팔리겠지요.

실제로 이런 일은 현실에서 자주 일어납니다. 2012년 4월, 한 경제 신문에 나온 기사를 한번 볼까요?

하림, 광우병 발견 소식에 주가 급등

광우병이 발견되었다는 소식에 하림의 주가가 크게 올랐다. 하림은 오전에 9.24%가 오른 뒤 상한가※로 치솟았다. 이 밖에 마니커도 주가가 7%대 상승했다.

광우병은 소가 걸리는 병입니다. 그리고 하림과 마니커는 닭고기를 파는 회사지요. 그렇다면 왜 이런

※ **상한가** 주식이 하루에 오를 수 있는 최고 한도의 가격으로, 우리나라에서는 15%로 제한하고 있다.

현상이 벌어질까요? 바로 소고기와 닭고기를 대체재로 보고 있기 때문입니다. 광우병이 발견돼 소고기가 꺼려지면, 사람들은 '소 대신 닭'으로 닭고기를 많이 먹게 마련이니까요. 당연히 닭고기 회사들의 장사가 잘될 것이므로, 주가가 오르는 것입니다.

물론 세상이 항상 이렇게 똑 부러지듯 명쾌하게 설명이 되는 것은 아닙니다. 대체재와 보완재도 마찬가지입니다. 대체재인 것 같기도 하고, 보완재인 것 같기도 한 애매한 경우가 일상생활에서 많이 나타납니다. 예를 들어 학원과 온라인 강의가 그렇습니다. 학원에 가기 싫으니, 대신 온라인 강의를 듣습니다. 이 경우 둘의 관계는 분명 '꿩 대신 닭'이고 라이벌입니다. 대체재라는 뜻이지요. 하지만 온라인 강의를 열심히 듣다 보면 '아, 저 선생님 강의를 꼭 직접 들어 보고 싶다.'는 생각이 들기도 합니다. 그래서 그 선생님이 강의하는 학원을 찾아가 등록을 합니다. 이 경우 둘의 관계는 '바늘과 실', 즉 보완재가 되는 것이지요.

이렇듯 세상은 대체재와 보완재, 두 용어로만 설명하기에는 조금 더 복잡합니다. 하지만 두 용어를 모르고 복잡한 세상을 보는 것과 알고 세상을 보는 것은 분명 큰 차이가 있습니다. 알고 나서 보면, 원인과 결과를 더 논리적으로 생각해 낼 수 있으니까요.

05

나도 **회사**의
주인이 될 수 있다!

주식회사

교과 연계
초등 6학년 1학기 사회 2. 우리나라의 경제 발전
중학 사회① 13. 경제생활의 이해

회사 이름 앞에 (주)라는 표시가 붙은 것을 본 적 있나요? 이것은 '주식회사'라는 뜻입니다. 주식회사는 주식을 발행하여 여러 사람으로부터 돈을 투자받아 만들어진 회사입니다. 그러므로 회사의 주인이 여러 명이 되지요.

이처럼 여러 사람이 한 회사에 투자하여 성공과 실패를 함께 책임지고, 이익을 함께 나누는 주식회사에 대해 더 자세히 알아볼까요?

49

재산을 홀라당 날린 뉴턴

아이작 뉴턴(Isaac Newton)이라는 과학자 알지요? 만유인력*의 법칙을 발견한 영국의 위대한 과학자 말이에요. 그런데 이 뉴턴에게는 독특한 일화가 있습니다. 바로 주식 투자를 했다가 전 재산을 거의 날려 먹은 사건이지요.

뉴턴은 1720년 '사우스 시 컴퍼니(South Sea Company)'라는 회사의 주식을 사 모읍니다. 사람들이 뉴턴의 귀에 속삭였겠지요. "이봐, 뉴턴! 이 회사 주식을 사면 떼돈을 벌 수 있어."라고 말이에요. 그래서 뉴턴은 이 회사 주식을 닥치는 대로 사 모았습니다. 그런데 이 주식은 뉴턴이 사들인 직후부터 큰 폭으로 계속 떨어집니다. 그는 결국 투자한 돈의 80% 이상을 날렸지요.

뉴턴은 이 사태를 겪고 난 뒤 이렇게 한탄했다고 합니다. "나는 물체의 움직임은 제대로 계산할 수 있지만, 주식 시장의 광기는 도저히 계산하지 못하겠다!"

주식회사의 뿌리

주식회사라는 형태는 1600년대 초반에 유럽에서 만들어졌습니다.

※ **만유인력** 질량을 가지고 있는 모든 물체가 서로 잡아당기는 힘

당시 유럽의 회사들은 아시아나 아프리카에 드나들며 돈을 버는 데 엄청난 노력을 하고 있었습니다. 그런데 장사를 할 때 문제가 하나 있었습니다. 아시아나 아프리카와 무역을 하려면, 일단 그 나라를 '드나들어야' 한다는 점입니다.

유럽에서 아시아까지, 그 먼 거리를 드나들며 장사하기 위해서는 아주 큰 배가 필요했습니다. 하지만 배라는 것은 원래 큰 파도나 태풍을 만나기도 하고, 재수 없으면 영화 〈캐리비안의 해적〉에 나오는 잭 스패로우 같은 해적도 만나기 마련입니다. 이게 문제였던

거지요. 큰 배 한 척을 만드는 데 드는 돈은 어마어마합니다. 그런 데 기껏 배를 만들어 아시아까지 갔는데 돌아오다가 태풍을 만나면 어떻게 될까요? 배 주인은 그야말로 한 방에 쫄딱 망하는 겁니다.

바로 이때 주식회사라는 새로운 형태의 회사가 등장합니다. 무역 사업은 혼자서 하기엔 매우 위험하니까, 여러 사람이 동업※을 하는 겁니다. 예를 들어 배를 한 척 만드는 데 10억 원쯤 든다면, 이 돈을 혼자서 다 내지 않고 동업자 10명을 모읍니다. 그래서 각 동업자가 1억 원씩 투자하여 배를 짓는 것이지요. 이렇게 하면 혹시 태풍을 만나서 배가 망가져도, 혹은 해적을 만나서 모든 걸 빼앗겨도 10억 원이라는 거금

※ **동업** 같이 사업을 하는 것

을 혼자서 날릴 위험이 줄어
듭니다.

이렇게 사업 밑천※을 여럿
이 마련해서 세운 형태의 회사
가 주식회사입니다. 동업자 10
명 모두가 주식회사의 주인이 되
는 겁니다. 이들 10명은 당연히 자
신이 회사의 주인이라는 인증 문서를
갖고 싶어 하겠지요. 그래서 만든 '회사

주인 인증 문서'가 바로 주식입니다. 그리고 이들 10명은 자신을 '주식
의 주인'이라는 뜻으로 '주주'라고 부르기 시작합니다.

◀ 배당과 시세 차익이란?

자, 이렇게 주주가 10명인 회사를 1년 동안 운영해서 10억 원쯤 벌
었다고 칩시다. 이 돈은 누구의 돈일까요? 바로 주주 10명의 공동 재산
입니다.

돈을 벌었으니 이제 회사 주인들이 그 돈을 나눠 가져야겠군요. 1년
에 10억 원을 벌었다면 10명의 주주는 각자 1억 원을 받아 갈 수 있습
니다. 신 나는 일이지요. 이렇게 주식회사가 번 돈을 주주들에게 나눠

※ **밑천** 어떤 일을 하는 데 바탕이 되는 돈이나 물건, 기술 등

주는 것을 '배당'이라고 부릅니다.

그런데 주주들이 모두 동의를 한다면, 배당을 받지 않고 새로운 투자를 할 수도 있습니다. 예를 들어 이런 생각을 하는 거지요. '이익금 10억 원으로 배를 한 척 더 만들면 어떨까? 그러면 내년에는 돈을 두 배로 벌 수 있잖아?' 이 결정에 따라 회사는 이익을 배당으로 나누지 않고 배를 한 척 더 만듭니다. 주주들은 배당을 포기했지만, 그 대신 회사는 10억 원짜리 배를 두 척이나 가진 회사로 성장했습니다.

그런데 이때 누군가가 주주 한 명에게 다가와 "너희 회사 사업 잘하는데? 나도 너네 회사에 주주가 되고 싶어. 네가 처음 회사 만들 때 투자한 돈이 1억 원이지? 내가 1억 원 줄 테니 그 주식을 나한테 팔면 어때?" 하는 제안을 합니다. 여러분이 주주라면 1억 원에 주식 팔겠습니까? 절대 그럴 수 없죠. 처음에 내 주식의 가치는 1억 원이었지만, 현재 우리 회사는 배를 두 척이나 갖고 있습니다. 처음보다 회사가 두 배로 성장한 거죠. 따라서 지금 내가 가진 주식의 가치는 1억 원이 아니라 최소한 2억 원으로 오른 셈입니다. 그러면 당연히 팔지 않겠지요.

이제 급한 쪽은 사려는 사람입니다. 사려는 쪽은 이 회사의 전망이 엄청나게 밝다고 생각합니다. 그래서 새로운 제안을 합니다. "그럼 2

억 원을 줄게. 내게 팔아." 이러면 약간 망
설여지지요? 하지만 이번에도 좀 뭔가
부족한 느낌이 듭니다. 회사가 잘되면
내년에는 배가 네 척으로 불어날 수도
있고, 몇 년 지나면 배당도 엄청나게 들
어올 것 같으니까요.

　그래서 이번에도 안 팔고 버팁니다. 이번에는 사려는 쪽이 "흠, 그럼
3억 원!" 하고 가격을 높여 부릅니다. 이젠 진짜 고민이 되는군요. 회
사가 성장하는 것은 확실해 보이지만, 만약 내일이라도 태풍을 만나
배 두 척이 다 침몰하면 주식이 휴지 조각이 될 위험도 있잖아요. 당장
눈앞에 놓인 3억 원을 받고 주식을 팔면, 처음 투자한 돈에 비해 2억 원
이나 많은 돈을 버는 것이기도 하고요.

　좋습니다. 이 정도면 충분할 것 같습니다. 그래서 이 주주는 3억 원
을 받고 자신의 주식을 다른 사람한테 넘겨줍니다. 이런 식으로 이뤄
지는 거래가 바로 '주식 거래'입니다. 그리고 애초에 1억 원을 투자했
다가 3억 원에 주식을 판 그 사람은 2억 원을 벌게 됩니다. 이렇게 남긴
돈을 '시세 차익'이라고 부릅니다.

　자, 이렇게 주식이 거래되고 나면 이 회사의 주인이 바뀝니다. 10명
의 주주 중에 주식을 판 사람은 이제 회사와 아무 상관없는 사람이 됩
니다. 그 대신에 3억 원에 새로 주식을 산 사람은 이 회사의 새 주주가
되는 것이지요.

주식에 투자하는 이유

요즘의 주식 시장도 예전과 다를 게 없습니다. 주식 시장에서 거래되는 주식들은 다 이런 주식회사들이 발행한 '주주 인증 문서'입니다. 그런데 여기서 한 가지 명심할 것이 있습니다. 주식을 사는 것은 곧 한 회사의 '주인'이 되는 행위입니다. 어떤 회사의 주인이 되는 것은 곧 그 사업을 본인 스스로 하겠다는 것을 뜻합니다.

여러분이 사업을 한다고 생각해 보세요. 사업이 잘될지, 시장 전망은 밝은지 어두운지, 재료는 어디에서 사들이고 물건은 누구에게 팔 것인지를 깊이 고민하는 게 당연하지 않겠어요? 따라서 주식을 살 때에는 그야말로 신중에 신중을 거듭해야 한다는 뜻입니다. 내가 직접 새로운 사업을 한다는 마음으로 그 회사가 사업을 잘할 수 있을지, 이 회사에 애정을 가진 주인이 될 수 있을지를 고민한 뒤 주식을 사야 합니다.

$F = G\frac{mM}{r^2}$

그렇지 않고 어디서 이상한 정보나 듣고 아무 고민 없이 주식을 사는 것은 자폭이나 다름없습니다. 위대한 과학자 뉴턴조차도 "나는 물체의 움직임은 제대로 계산할 수 있지만, 주식 시장의 광기는 도저히 계산하지 못하겠다."라고 푸념했다는 점을 늘 염두에 두어야 합니다.

06

시장 경제의 강력한 적

독점

공정 거래 위원회

교과 연계
초등 6학년 1학기 사회 2. 우리나라의 경제 발전
중학 사회① 13. 경제생활의 이해

조선 시대 실학자인 연암 박지원의 소설 〈허생전〉에 이런 이야기가 나옵니다. 주인공 허생이 부자에게 만 냥을 빌려 모든 과일을 두 배의 값으로 사들이지요. 허생이 과일을 몽땅 사들이자 온 나라가 잔치나 제사를 지내는 데 어려움을 겪게 됩니다. 그러자 허생에게 과일 상인들이 찾아와 열 배의 값을 주고 되사 갑니다. 이 이야기는 독점이 사회에 끼치는 해로운 현상에 대해 잘 보여 주고 있습니다. 독점은 구체적으로 왜 나쁜 것이며, 나타나지 않게 하려면 어떤 노력을 기울여야 하는지 함께 살펴봅시다.

59

무엇보다 시장 경제가 효율적으로 돌아가지 않아.

이제 가장 큰 문제야

특히 독점 기업이 판매하는 상품이 생활에 꼭 필요한 거라면 문제가 더 심각하지.

예를 들어 이 동네에 쌀가게가 하나밖에 없다고 치자.

만약 그 가게가 쌀값을 왕창 올린다면, 동네 사람들은 어쩔 수 없이 비싼 가격에 쌀을 사겠지? 쌀은 꼭 필요한 물건이니까.

공정 거래 위원회

선생님! 그럼 우리도 공정 거래 위원회에 이 중국집 신고해요!

그래서 이런 독점이 생기면, 정부가 강하게 이를 막는단다. 그 일을 하는 데가 바로 공정 거래 위원회야.

동네 중국집은 규제 대상이 아니야. 산업 전체를 장악하는 거대 기업이 규제 대상이지.

게다가 자장면은 생활에 꼭 필요한 물건, 즉 생필품이 아니니 정부가 나서지 않지.

그렇지 않아요!

저에게 자장면은 쌀보다 훨씬 더 중요한 음식이에요!

하루라도 자장면을 먹지 않으면 못 산다고요!

뭐라고? 아까 분명히 '오랜만에' 자장면을 먹자고 하지 않았냐?

나에게 오랜만은 하루 만이란 뜻이야!

61

신라면, 네가 무엇이기에?

뉴스나 신문에서 이런 기사를 본 적 있나요?

"농심 신라면 가격 인상하기로 결정, 다른 업체도 줄줄이 올릴 듯"

농심이 라면 가격을 올리기로 결정
하면서, 그동안 눈치만 보던 다른 라면
회사들도 드디어 라면 가격을 따라 올
릴 수 있게 됐다는 뜻입니다. 그런데 좀
이상하지 않나요? 다른 회사라면 오뚜
기나 삼양, 팔도 같은 곳일 텐데요. 왜
이들이 농심의 눈치를 볼까요?

우리는 2화에서 시장 경제와 계획 경제의 차이를 배웠습니다. 시장
경제의 핵심은 가격이 수요와 공급에 의해 자율적으로 결정된다는 것
입니다. 그렇다면 농심 외에 다른 라면 회사들도 수요와 공급에 따라
가격을 결정하면 됩니다. 그런데 왜 이들은 농심의 눈치를 보고 결정
하는 걸까요?

자, 2화의 기억을 잘 되살려 봅시다. 시장 경제는 가격의 결정 과정
에서 누군가가 끼어드는 것을 원칙적으로 반대한다고 했습니다. 그러
나 예외의 경우가 있습니다. 앞에서 얘기한 라면 이야기를 살펴보면,
오뚜기나 삼양은 수요와 공급에 따라서가 아니라 농심의 의지에 따라

가격을 결정하죠. 이는 수요와 공급 외에도 가격을 결정하는 데 영향을 끼치는 무언가가 있다는 뜻입니다.

그럼, 그게 무엇일까요? 범인은 바로 신라면이 가지고 있는 시장 경제에서의 특수한 위치입니다.

수요와 공급의 법칙에서 벗어난 위풍재와 기펜재

가격은 수요와 공급의 움직임에 의해 결정된다고 했습니다. 그런데 살다 보면 예외가 있는 법이죠. 세상 모든 가격이 수요와 공급의 합리적인 조정에 의해 결정되지 않습니다. 아주 특이한 성질을 가진 상품들이 몇 가지 있다는 겁니다.

가장 대표적인 상품이 위풍재(威위엄 위, 風모습 풍, 財재물 재)입니다. 이름만 들어도 위풍당당해 보이는 이 위풍재는 다른 사람에게 자랑하기에 딱 좋은 물건입니다. 예를 들어 하나에 수백만 원이 넘는 명품 가방 같은 것들이죠.

수요-공급의 법칙을 생각해 볼 때 상식적으로 가방값이 비쌀수록 수요는 떨어져야 합니다. 그런데 그렇지 않지요. 명품 가방은 비쌀수록 오히려 더 잘 팔리는(수요가 늘어나는) 이상한 현상이 생깁니다. 왜일까요? 사람들은 비싼 제품을 들고 다닐수록 위풍당당해 보인다고 느끼기 때문입니다.

또 다른 예인 기펜재(Giffen goods)를 봅시다. 기펜재는 영국의 경제학자 기펜이 발견한 현상입니다. 위풍재와는 반대로 가격이 낮은 상품에서 자주 나타나지요. 예를 들어 돼지고기와 소고기를 생각해 볼까요? 보통 소고기가 더 비싸고 맛이 좋죠? 그런데 경제가 잘 풀려서 사람들이 돈을 더 많이 벌게 됐다고 칩시다. 주머니가 두둑한 사람들은 돼지고기보다 소고기를 더 먹게 됩니다. 그렇다면 수요가 줄어 돼지고기의 가격이 낮아지겠죠? 가격이 낮아지면 다시 돼지고기의 수요가 늘어야 합니다. 그런데 이게 웬걸? 사람들이 더 부자가 되는 바람에 계속 소고기만 먹는 겁니다. 가격이 낮아져도 제품의 경쟁력이 낮기 때문에 소득※이 높아진 사람들이 별로 찾지 않는 거죠.

시장 경제 최대의 적, 독점

수요-공급의 법칙에서 벗어난 또 다른 사례가 있습니다. 바로 독점이라는 녀석입니다. 독점이란, 시장에서 그 제품을 홀로 지배하고 있는

※ **소득** 일을 하거나 투자하여 얻는 수입

상품을 말합니다. 우리나라에서 가장 인기 있는 라면은 신라면이죠! 특히 신라면은 영향력이 워낙세서 라면 시장을 사실상 휘어잡은 독점에 가까운 제품입니다.

　다른 예를 들어 볼게요. 우리가 사용하는 전기는 누가 만들까요? 한국전력이라는 회사가 만듭니다. 우리나라에서 전기를 만드는 회사는 한국전력뿐입니다. 한국전력이 마음에 안 든다고 "나는 다른 회사 전기를 쓸래."라고 생각해도 소용없습니다. 전기를 만드는 다른 회사가 없으니까요. 이 한국전력이 바로 전기 시장의 독점 기업입니다.

　독점은 시장 경제 시스템의 기본인 수요-공급의 법칙을 따르지 않습니다. 가격이 수요와 공급에 의해 결정되는 게 아니라 독점 기업의 마음대로 결정된다는 뜻입니다. 왜냐고요? 그 물건을 만드는 회사가한 곳밖에 없기 때문입니다. 한국전력이 정한 전기 가격이 너무 비싸다고 전기를 안 쓸 수 있나요? 그렇게는 못 하지요. 만약 한국전력이마음을 나쁘게 먹고 '컴퓨터를 한 시간 사용하면 전기 가격을 10만 원물리겠다.'고 하면 1시간에 10만 원을 내야 합니다. 즉, 가격이 비싸다고 수요가 대폭 줄어들 수가 없죠. 컴퓨터를 써야 하는 곳은 어쩔 수 없이 10만 원을 내고 써야 하는 겁니다.✦

✦ 한국전력은 독점 기업이긴 하지만, 시장의 질서를 위해 정부의 통제를 받고 있다. 따라서 전기 요금을 한국전력 마음대로 올릴 수는 없다.

다른 라면 회사들이 농심의 눈치를 보는 것도 이와 비슷한 이유입니다. 신라면의 시장 장악력*이 독점에 가까울 정도로 매우 크기 때문에 자기 마음대로 라면값을 올리거나 내려 봐야 수요와 공급이 크게 변하지 않습니다. 사람들은 그저 신라면이 정한 가격대로 신라면을 사 먹으니까요.

독점은 시장 경제에 매우 해롭습니다. 시장 경제는 수요와 공급에 의해 가격이 결정돼야 합리적으로 굴러갑니다. 하지만 독점이 자리 잡으면 수요와 공급의 법칙은 무너지고, 독점이 시장을 장악해 버리죠. 소비자는 독점 기업의 횡포*에 맞설 방법을 잃고, 시장 경제의 효율성은 사라집니다. 전기 가격이 한 시간에 10만 원인 세상이 효율적인 세상이라고 할 수는 없잖아요?

그래서 시장 경제 구성원은 독점이 생겼을 때에 누군가 끼어들어 이 독점을 규제하기를 원합니다. 이런 규제를 담당하는 곳이 바로 정부입니다.

공정 거래 위원회가 하는 일

현실 사회에서 완전한 독점은 찾아보기 어렵습니다. 옛날에는 전화 서비스를 한국통신이라는 회사가 독점하여 제공했는데, 이마저 요즘에는 바뀌었습니다. 우리가 이용하는 휴대 전화 서비스만 해도 SK텔레

※ **장악력** 손안에 잡아 쥐어 마음대로 조정하거나 다룰 수 있는 힘
※ **횡포** 제멋대로 굴며 몹시 난폭함

콤, LG유플러스, KT올레 등 여러 기업이 제공하지요.

　현재 우리나라에서 한국전력 외에 완전한 독점을 찾기란 쉽지 않습니다. 예를 들긴 했지만 신라면도 완전한 독점은 아니죠. 다른 라면 회사가 아예 없는 건 아니니까요. 워낙 신라면의 힘이 세서 독점처럼 보인다는 것이지, 신라면이 100% 독점인 것은 아닙니다.

　그렇다면 왜 이런 현상이 벌어졌을까요? 그것은 바로 정부가 독점을 규제하고 있기 때문입니다.

　독점을 규제하기 위해 만들어진 기구가 바로 공정 거래 위원회입니다. 어떤 시장에서 독점 현상이 나타나고, 이것이 국민 생활에 피해를 주거나 시장 경제 질서를 어지럽힌다고 판단하면 공정 거래 위원회가 나서서 이들 기업에 강한 규제를 펼칩니다. 때로는 엄청난 벌금을 물리기도 하고, 때로는 생산 자체를 규제하며 시장의 질서를 지켜 나가죠.

　이처럼 독점은 시장 질서를 심하게 어지럽힐 수 있으므로 정부가 나서서 강하게 규제해야 한다는 사실, 잊지 마세요.

국민에게 피해를 주는
경제 활동은 절대 안 돼!

공정 거래 위원회

07

쿠키 장사에 실패한 이유

진입 장벽

교과 연계
초등 6학년 1학기 사회 2. 우리나라의 경제 발전
중학 사회① 14. 시장 경제의 이해

육상 경기 중에 '허들 레이스'라는 것이 있습니다. '허들'이라는 장애물을 뛰어넘으면서 달리는 경기입니다. 이때 허들이 낮으면 모든 선수가 쉽게 뛰어넘을 수 있을 겁니다. 반면에 허들이 높으면 넘지 못하거나, 허들에 걸려 넘어지는 선수들이 생기겠지요.

경제학 용어 중 하나인 '진입 장벽'은 이 허들과 비슷한 원리입니다. 올라가려는 벽이 낮으면 누구나 쉽게 그 안으로 들어갈 수 있지만, 벽이 높으면 발을 들여놓기가 쉽지 않지요. 더 자세한 설명을 통해, 진입 장벽이 사업의 성공과 실패를 어떻게 가르는지 알아봐요.

69

70

나에게도 사이다를 선택할 권리를 달라!

가족들과 외식하는 장면을 떠올려 보세요. 삼겹살을 노릇노릇하게 구워 먹는 모습을 말이에요. 그리고 느끼함을 없애기 위해 사이다를 한 병 주문하기로 합니다. 그런데 혹시 식당에서 사이다를 시키면 어떤 사이다가 나오는지 살펴본 적 있나요? 열 곳 중 일고여덟은 초록색 병의 음료수, 바로 '칠성사이다'를 갖다 줍니다.

이상하지 않나요? 킨사이다도 있고, 스프라이트도 있는데 말이지요. 마치 세상이 사이다를 선택할 우리의 권리를 빼앗아 간 것 같은 느낌이 듭니다. 대부분의 식당에서 '묻지도 따지지도 않고' 칠성사이다를 주니까요.

기업의 성공과 실패를 가르는 진입 장벽의 높이

이번에 배울 경제 용어는 바로 '진입 장벽'입니다. 영어로 쓰면 'barriers to entry'가 됩니다. 어떤 산업에 진입(entry)하려고 할 때, 그 진입을 어렵게 만드는 장벽(barriers)을 일컫는 말이지요.

진입 장벽의 의미를 제대로 알기 위해서는 진입 장벽이 높은 경우보다, 낮은 경우를 먼저 생각해 보는 것이 이해하기 쉽습니다. 예를 들어, 내

가 사업에 성공해 큰돈을 벌겠
다는 꿈을 품고 동네에 편의점
을 차렸다고 합시다. 과연 큰돈
을 벌 수 있을까요? 물론 벌 수도
있겠지요. 하지만 그럴 확률은
지극히 낮다고 봐야 합니다.

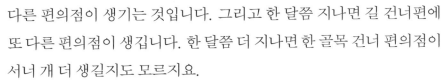

왜냐고요? 내가 차린 편의점
이 성공을 하면, 그다음에 어김
없이 나타나는 현상은 바로 내 편의점 옆에
다른 편의점이 생기는 것입니다. 그리고 한 달쯤 지나면 길 건너편에
또 다른 편의점이 생깁니다. 한 달쯤 더 지나면 한 골목 건너 편의점이
서너 개 더 생길지도 모르지요.

편의점으로 큰돈을 벌기 어려운 이유가 여기에 있습니다. 편의점은
적은 자본금만으로도 손쉽게 차릴 수 있는 가게입니다. 진입 장벽이 비
교적 낮은 산업이라는 뜻이지요. 그러니 장사가 조금만 잘돼도 경쟁자
가 생기는 것입니다. 진입 장벽이 낮은 분야에서 나 홀로 큰 성공을 거

두는 것은 사실상 거의 불가능하다고 해도 과언
이 아닙니다.

따라서 사업에 나 홀로 성공해 큰돈을 벌기
위해서는 내가 먼저 뛰어든 산업의 진입 장벽
이 높아야 합니다. 그래야 경쟁자들이 마구
생기는 경우를 막을 수 있기 때문입니다.

뛰어난 제품과 강력한 브랜드 파워

그렇다면 이번에는 어떤 경우가 진입 장벽이 높은 사례인지 생각해 보기로 하지요. 첫 번째, 우선 독보적으로 제품 자체가 뛰어난 경우입니다. 가장 좋은 예가 바로 코카콜라입니다.

한국에서도 '콤비콜라', '콜라독립 8·15' 등의 이름으로 '국산 콜라'를 만들어 보려는 다양한 시도가 있었습니다. 하지만 이 시도는 대부분 실패했습니다. 아무리 노력해도 국산 콜라가 '코카콜라'만의 독특한 맛을 따라잡을 수 없었기 때문입니다. 이는 전 세계 모든 콜라 회사들이 안고 있는 한계입니다. 콜라라는 것이 콜라나무 열매

코카콜라 비법, 며느리도 몰라

코카콜라 맛의 비법은 외부에 알려져서는 안 되는 비밀 사항이다. 코카콜라 회사에서도 제일 높은 몇 사람만이 맛의 비법을 알고 있다. 심지어 비법을 알고 있는 사람이 이 지구상에 코카콜라 사장과 부사장, 딱 2명뿐이었던 적도 있었다. 그래서 당시 코카콜라 회사의 사장과 부사장은 절대로 같은 차에 함께 타지 않았다. 교통사고라도 나서 2명이 한꺼번에 죽기라도 하면 코카콜라의 비법을 아는 사람이 아무도 없게 되고, 결국 회사도 망하기 때문이다.

74

를 적당히 물에 섞어 만드는 것인데, 코카콜라에는 이상하게도 누구도 흉내 낼 수 없는 독특한 맛이 있거든요.

높은 진입 장벽의 두 번째 사례는 강력한 '브랜드 파워'입니다. 앞에서 예를 든 칠성사이다가 그런 경우가 되겠군요. 사실 사이다라는 게 콜라와 달리 물에 탄산 넣고 설탕 좀 섞으면 대충 비슷한 맛으로 만들어집니다. 칠성사이다나 스프라이트나 맛을 보면 다 거기서 거기라는 거지요. 하지만 한국에서는 '사이다' 하면 대부분의 사람들이 습관적으로 칠성사이다를 떠올립니다. 칠성사이다가 처음 만들어진 게 1950년입니다. 60년이 넘는 기간 동안 칠성사이다는 한국 사람들의 막힌 속을 뻥 뚫어 주는 국민 음료수 역할을 했습니다. 이렇게 오랜 기간 쌓아 올린 브랜드 파워는 실로 막강한 힘을 발휘합니다. 칠성사이다가 그냥 하나의 문화가 돼 버린 거지요. 칠성사이다를 넘어서기 위해 킨사이다, 스프라이트 등 세계 여러 브랜드가 도전장을 던졌지만 모두 실패로 끝나고 맙니다. 현재 한국 사이다 시장에서 칠성사이다의 점유율은 약 80%입니다.

독보적인 네트워크

높은 진입 장벽의 세 번째 사례. 남들이 따라잡기 힘든 네트워크를 가진 기업들입니다. 즉, 상품이나 서비스를 공급하는 유통망이 독보적으로 많다는 뜻입니다. 예를 들어 볼까요? 자동차 중에는 기름

이 아니고 가스를 넣어야 움직이는 차들이 있습니다. 그래서 이런 차들을 위해 가스를 충전하는 충전소가 시내 곳곳에서 장사를 합니다. 이러한 충전소들을 유심히 살펴보면, 대한민국 가스 충전소는 모조리 E1 아니면 SK가스라는 사실을 알게 될 겁니다. 신기하지요? E1과 SK가스, 두 회사가 가스 판매 산업 분야에서 엄청나게 높은 진입 장벽을 만들어 놨기 때문입니다. 다른 회사는 이 사업에 뛰어들고 싶어도 뛰어들 수가 없습니다. 왜냐하면 이 두 회사는 전국에 이미 수천 개가 넘는 가스 판매 네트워크, 즉 충전소를 갖고 있기 때문입니다.

내가 가스 판매 사업을 한답시고 '완배 가스 충전소'를 하나 차렸다고 합시다. 장사가 되겠습니까? 당연히 안됩니다. 소비자들은 이 충전소에서 파는 가스가 정품인지 아닌지, 폭발 위험이 있는지 없는지 등을 알 수 없으므로 불안해합니다. 신뢰가 없는 것이지요.

신뢰를 얻기 위해서는 최소한 전국에 1,000개가 넘는 가스 충전소를 갖고 있어야 합니다. 길 가다가 '완배 가스 충전소'가 곳곳에 보여야 '아, 저 정도 되는 가스 회사는 믿을 수 있어.'라는 생각을 하게 되는 겁니다. 그런데 이게 말처럼 쉽지 않습니다. 충전소를 많이 지으려면 돈이 엄청나게 들겠지요. 그래서 충전소 사업에 뛰어들기

어려운 것입니다. 전국에 이미 수천 개에 이르는 가스 충전소 네트워크를 가진 E1과 SK가스가 수십 년째 이 시장을 휘어잡고 있는 이유가 여기에 있습니다.

진입 장벽의 핵심, 독창성

지금까지 우리는 진입 장벽이라는 경제 용어를 공부했습니다. 진입 장벽을 제대로 이해했다면 '진입 장벽이 높을수록 처음에 시작한 사업자가 유리하다.'는 말 또한 이해할 수 있을 것입니다. 반대로 진입 장벽이 낮으면, 사업을 먼저 시작했다고 해서 유리한 것이 하나도 없는 셈이지요.

그래서 경제적으로 새로운 분야를 개척해 성공하길 꿈꾼다면 당장 눈앞의 성공에만 매달려서는 안 됩니다. 당장의 성공도 중요하지만, 성공한 이후에 경쟁자들이 쉽게 나를 따라 하지 못하도록 진입 장벽을 높이는 것도 중요하다는 뜻입니다.

진입 장벽은 결국 독창성입니다. 남들이 쉽게 따라 하지 못하는 나만의 기술과 힘을 말하는 것이지요. 지금 세계의 우수한 기업들이 벌이고 있는 그 치열한 사업 경쟁도 그런 것입니다. 바로 '남들이 따라 하지 못하는 독창성'을 통해 진입 장벽을 높이려는 경쟁인 것입니다.

08

최소한 받아야 할 노동의 대가

최저 임금 제도

교과 연계
초등 4학년 2학기 사회 2. 필요한 것의 생산과 교환
중학 사회② 11. 국민 경제와 경제 성장

길을 지나다가 가게 앞에 붙어 있는 아르바이트 구인 광고를 본 적 있나요? 그런 광고에는 보통 시급이 얼마인지가 쓰여 있습니다. 우리 가게에서 일하면 한 시간에 얼마씩 주겠다는 내용의 정보 말입니다. 이 시급은 법적으로 최소한 얼마 이상이 되어야 한다고 정해져 있습니다. 만약 그 이하의 돈을 주고 노동자를 고용하면, 가게의 주인은 법을 어긴 것이므로 처벌을 받게 되지요.

이것이 바로 최저 임금 제도입니다. 이 제도가 우리 사회에서 왜 중요하고, 꼭 필요한 것인지 함께 살펴봅시다.

네 시간에 2만 원?
그건 최저 임금에 못 미치는
금액이잖아?

최저 임금이
뭐예요?

최저 임금이란,
노동자가 일을 하면 최소한
이 정도 돈은 줘야 한다는
것을 정해 놓은 제도야.

최저임금

1시간에
8,590원 이상
주시오!

힘없는 노동자들이
돈을 너무 적게 받는 것을
막기 위해 나라가 법으로
정해 놓은 거지.

2020년 최저 임금이
시간당 8,590원이니까,

2020년
최저 임금 1시간당
₩ 8,590

네 시간 일하면 하루에 최소한
34,360원은 받아야 하는 거지.

₩ 3만 4,360

8590X4

정말요?!

그래. 게다가
미성년자가 부모님
동의서 없이 아르바이트를
하는 건 불법이야.

아무리 돈이 필요해도
넌 지금 공부할 나이야!

80

81

땀 흘리며 짜야 했던 그 옷

'쉐타'라는 옷, 들어 봤지요? 겨울이 되면 입는, 털실로 짠 옷 말입니다. 이 옷의 원래 이름은 쉐타가 아닙니다. 정식 명칭은 스웨터(sweater)지요. 일본인들이 이 옷을 쉐타라고 부르는 바람에, 우리나라 사람들도 스웨터를 이런 이상한 발음으로 부르게 됐지요. 참, 옛날 서양 사람들은 스웨터를 운동복으로 즐겨 입었다고 합니다. 운동을 하면 당연히 땀을 흘리겠지요? 땀을 영어로 스웨트(sweat)라고 하니, 이 단어에서 비롯된 스웨터는 '땀 흘리기 위해 입는 옷'인 셈이지요.

19세기 말, 그러니까 1850~1900년 무렵에 스웨터가 유럽에서 큰 유행을 일으켰습니다. 스웨터를 입고 싶은 사람들이 넘치니, 옷 공장 사장님들은 하루빨리 스웨터를 만들려고 기를 씁니다. 이때 스웨터를 가장 많이 만든 나라가 바로 양 기르기 세계 챔피언이었던 뉴질랜드였습니다. 그런데 문제는 이 나라에 양털은 충분한데, 옷을 짤 사람이 부족했다는 겁니다. 사정이 이러니 옷 공장 사장님들은 가정주부, 실업자, 거지 등 돈이 필요한 사람을 닥치는 대로 고용했습니다. 심지어 10살 미만의 어린이들까지 일손으로 썼지요.

스웨터 공장의 노동자들은 무려 하루 14시간 이상 일을 해야 했습니다. "하루빨리 스웨터를 만들어야 떼돈을 벌 수 있어!"라는 사장님의 닦달 속에서요. 하지만 돈에 눈이 먼 사장님들은 이들에게 제대로 월급을 챙겨 주지 않습니다. 이들에게 지급한 일당은 요즘 가치로 우리 돈 1,000원 정도였습니다.

고작 천 원을 받고 하루 14시간 동안 일을 하는 게 말이 되느냐고요? 말이 됩니다. 가난한 사람들은 그 돈이라도 받아야 굶지 않고 살 수 있었으니까요. 양털 날리는 그 더러운 공장에서 이들은 병에 걸려도, 배를 곯아도, 몸이 지쳐도 찍소리 못하고 그렇게 '땀 흘리며' 일을 합니다. '땀 흘리기 위해 입는 옷' 스웨터는 사실 수많은 노동자가 '땀 흘리며(sweating)' 만들어 낸 옷이었던 셈입니다.

◀ 노동자가 누려야 할 최소한의 권리 ▶

이번에 배울 경제 용어는 '최저 임금 제도'입니다. 임금이란 노동자가 일을 하고 받는 돈이지요. 따라서 '최저 임금 제도'란 노동자들이 일을 하면 '최소한 이 정도 임금은 받아야 한다'는 것을 법으로 정해 놓은 제도입니다.

여기서 한 가지 주의할 대목이 있습니다. 이 용어의 맨 끝에 '제도'라는 말이 붙어 있다는 사실입니다. 제도가 뭘까요? 나라가 법으로 정해 놓은 규칙입니다. 마음 착한 사장님들이 모여 "노동자를 고용하면 최소한 이 정도 돈은 주자."라고 정한 것이 아니라는 뜻입니다. 이 제도를 정하고 운영하는 곳은 사장님들이 아니라 바로 '국가'라는 점을 기억하세요.

사실 사장님, 즉 사용자[※]는 궁극적으로 자신의 자본을 최대한 불리려고 하는 사람들입니다. 대개 노동자들에게 임금을 조금 주려고 애를 쓰지요. 월급이 적다고 노동자들이 불만을 털어놓으면 사장님들은 "싫으면 딴 데 가서 일해! 너 말고도 일할 사람 많아."라며 배짱을 부리지요. 사장님의 말이 불쾌하다고 자리를 박차고 뛰어나오는 순간, 더 나은 대우를 받는 게 아니라 있던 일자리마저 잃을 수가 있습니다.

이런 불공평함을 바로잡기 위해서는 누군가가 나서 줘야 합니다. 대체 누가요? 이때 나서는 '힘 있는' 기관이 바로 정부입니다. 정부

※ **사용자** 노동을 제공하는 사람에게 그에 대한 보수를 지급하는 사람으로, 근로자를 고용하는 개인이나 회사를 가리킴

가 앞장서서 사용자들에게 "사람을 고용했으면 최소한 이 정도 임금은
줘야 한다."고 알립니다. 바로 이렇게 정해 놓은 최소한의 임금 수준이
'최저 임금'입니다.

한국의 현실은?

　최저 임금 제도는 노동자에게 유리하
고, 사용자들에게는 불리한 제도입니다.
정부는 매년 이 최저 임금을 얼마로 할
지 논의한 뒤, 액수를 정해 발표합니다.
최저 임금이 높아지면 사장님들은 "이
런 식으로 임금을 높이면 사업을 해도
남는 게 없다"며 힘들어합니다. 반면에
최저 임금이 기대보다 낮게 정해지면 노동자들은 "가난한 노동자들을
더 힘들게 할 셈이냐"며 반발하지요.

　그래서 최저 임금은 함부로 높이기도, 낮추기도 어렵습니다. 가난한
나라에서 노동자들을 위하겠다고 갑자기 최저 임금을 확 높여 버리면,
기업들이 임금에 대한 부담으로 망할 가능성이 커집니다. 그러면 노동
자들은 그나마 받던 월급도 못 받게 될 수 있지요. 반면에 어느 정도 살
림이 넉넉한 나라에서는 이 최저 임금을 적당한 선까지 높여 줘야 사회
가 잘 돌아갑니다. 그렇지 않으면 부유한 사장님들은 떵떵거리고 사는
데, 가난한 노동자들은 19세기 뉴질랜드의 노동자들처럼 비참한 삶을

살아야 합니다. 이런 불평등은 사회 갈등을 불러오지요. 그래서 정부는 최저 임금을 정할 때 전체적인 경제 상황, 사용자의 처지, 노동자의 입장, 이 모두를 섬세하게 헤아려야 합니다.

그렇다면 우리가 살고 있는 대한민국의 현실을 살펴보도록 하지요. 2020년 대한민국 정부가 정한 최저 임금은 얼마일까요?

시간당 8,590원입니다. 노동자가 한 시간 일하면 최소한 8,590원은 받을 수 있도록 법으로 정해 놓은 것입니다. 이 정도면 많은 걸까요, 적은 걸까요? 감이 잘 안 오지요? 우리와 비슷하게 사는 나라들의 최저 임금이 어느 정도인지 먼저 확인해 보겠습니다.

경제 협력 개발 기구(OECD)라고 들어 봤지요? 세계의 선진국들이 주요 회원인 국제기구인데, 세계 10위권을 넘나드는 경제력을 가진 대한민국도 OECD에 속해 있습니다. 그런데 각 나라의 물가 수준을 고려해 계산한 실질적 최저 임금 수치를 보면, 한국의 최저 임금은 순위가 높은 오스트레일리아와 룩셈부르크에 비해 반 정도밖에 안 됩니다.※ 선진국 가운데에서는 임금이 낮은 편이지요.

한국은 최저 임금 제도를 1988년부터 시행해 왔습니다. 하지만

※ OECD의 '회원국 시간당 최저 임금' 자료를 참고한 순위이다. OECD 37개 회원국 가운데 비교 가능한 회원국을 대상으로 했다.

우리가 진정으로 이 제도를 잘 활용해 노동자들의 처지를 충분히 배려하고 있을까요?

이 질문에 대해 자신 있게 "그렇다."라고 답하기 어려운 것이 현실입니다. 이미 앞에서 살펴봤듯이 한국의 경제력은 세계 10위를 넘나드는데 반해, 최저 임금 수준은 그리 높지 않으니까요.

땀 흘리며 일하는 노동자에게는 최소한의 대가를 줘야 합니다. 하지만 한국의 현실은 어떤가요? 어쩌면 우리나라가 노동자의 삶을 챙기는데 조금은 너그럽지 못한 국가가 되어 가고 있는 것은 아닌지 반성해 봅니다.

뉴질랜드의 최저 임금은?

최저 임금 제도를 제일 먼저 실시한 나라는 스웨터 공장 노동자들이 그토록 고생했던 뉴질랜드이다. 19세기 후반, 이 나라에서는 뜻있는 사람들이 모여 "스웨터 공장 노동자들을 저대로 놔둬서는 안 된다"고 국가에 건의했다. 하루 14시간씩 힘들게 일하는 노동자들에게 최소한의 삶의 길을 열어 줘야 한다는 것이 이들의 주장이었다.
오랜 논쟁 끝에 이 건의는 받아들여졌고, 뉴질랜드는 세계 최초로 최저 임금 제도를 실시해 땀으로 얼룩진 스웨터 공장 노동자들의 삶을 챙기기 시작한다.
뉴질랜드의 2020년 최저 임금은 우리 돈으로 시간당 1만 5,000원 정도이다.

빈부 격차를 줄이는 세금의 기능

직접세와 간접세

교과 연계
초등 6학년 1학기 사회 2. 우리나라의 경제 발전
중학 사회② 11. 국민 경제와 경제 성장

길을 걷다 보면 바닥에 깔린 보도블록, 도로에 설치된 신호등이 보입니다. 또 원활한 교통을 위해 힘쓰는 경찰관 아저씨도 보이고, 우리가 공부하는 학교 건물도 보입니다. 이렇게 우리 생활에 꼭 필요한 공공시설과 공무원은 누가 설치하고 어떻게 유지되는 걸까요? 바로 정부에서 관리합니다. 그렇다면 정부는 여기에 드는 비용을 다 어디서 구해서 유지하는 걸까요? 이때 정부가 사용하는 돈이 국민이 내는 세금입니다. 국민이 정부에 내고 있는 세금에 대해 더 자세히 알아볼까요?

이것도 살래!

빨리 사.
축구하러 가야지.

만 원이죠?

네ー

좀 이상한데?

뭐가?

엄마가 물건 사면 영수증을
꼭 확인하라고 하셨거든.
근데 좀 이상하네.

뭐가?
맞는 것 같은데?

만 원은 맞는데,
이걸 좀 봐.

물품가격 ₩9,090
부가세 ₩910

어라?
이게 뭐야?

합계는 만 원인데 가격은
9,090원, 부가세 910원?

이게 뭐야!

물건 가격이
9,090원이라는 거 아냐?
근데 왜 만 원을 받지?

에이, 설마. 가격표에는
만 원이라고 쓰여 있잖아.

애들아!

선생님, 여긴 웬일이세요?

뭐 좀 살 게 있어서.

뭔가 궁금한 게 있으면 항상 나타나시네요

근데 무슨 일 있니?

영수증 가격이 이상해서요. 부가세가 뭔지······.

아, 너희 간접세인 부가 가치세를 잘 모르는구나?

직접세

간접세

정부가 걷는 세금에는 직접세와 간접세 두 가지가 있어. 지금처럼 물건값의 10%를 세금으로 내는 걸 부가 가치세라고 해.

부가 가치세요? 어린이한데도 세금을 걷나요?

원래 상품 가격에는 부가 가치세가 다 포함 되어 있어서 대부분 소비자 들은 모르고 지나갈 때가 있지

부가 가치세는 대표적인 간접세야. 세금은 너희가 내지만, 정부가 직접 걷어 가는 건 아니지.

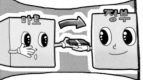

소비자가 낸 세금을 마트가 가지고 있다가 정부에 내는 거야.

보통 물건값에 부가세를 미리 포함시키지만, 그렇지 않은 곳도 있어.

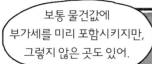

MENU
————0000
————0000
————0000
————0000
————0000
※ VAT 별도

VAT 별도

VAT는 배트맨을 뜻하는 말인가요?

가끔 레스토랑 같은 곳 메뉴판을 보면 'VAT 별도', '부가세 별도'라고 적힌 곳이 있지?

그런 곳에서 먹으면 메뉴판에 적힌 가격에 10%를 더 내야 해.

VAT는 value added tax, 즉 영어로 부가 가치세라는 뜻이야.

박쥐는 VAT가 아니고 BAT지, 녀석아!

90

반면 선생님이 월급을 받을 때는 나라가 직접 선생님한테서 세금을 가져가거든. 이건 직접 걷으니까 직접세라고 부르지.

불공평해요!

선생님은 돈을 버니까 세금을 내는 거지만, 우린 중학생인데 왜 내요?

바로 그거야!

공평한 과세는 돈을 많이 버는 사람에게 많이 걷고, 못 버는 사람에게는 덜 걷어야 이뤄지지.

그래서 모든 사람이 똑같이 내야 하는 간접세가 늘면, 세금을 공평하게 걷는 게 아닌 셈이야.

그럼 우린 불공평한 세금을 냈네요!

그런 의미에서 선생님께서 저희에게 아이스크림을 사 주시는 게 정의로운 사회를 만드는 방법이라고 생각합니다.

말도 안 되는 소리 그만하고 그냥 얻어먹고 싶다고 말해!

네! 선생님께 얻어먹고 싶어요!

세리를 미워하는 마음

저는 기독교인은 아니지만, 먼 옛날 이스라엘과 아랍 지역의 역사를 살펴보기 위해 가끔 성경을 훑어봅니다. 그런데 성경에 보니 이런 이야기가 있더군요.

예수가 여리고라는 지역으로 들어가다 삭개오라는 세리장(세리 가운데 책임자)을 만났습니다. 세리는 세금을 걷는 사람이죠. 당시 세리는 부자였던 모양입니다. 성경에 삭개오도 매우 부자로 나오거든요.

예수가 왔다는 소식을 들은 삭개오는 그를 보기 위해 거리로 나갑니다. 하지만 키가 작아 볼 수가 없었지요. 예수를 보고 싶은 마음에 삭개오는 나무 위로 올라갔습니다. 예수는 삭개오를 발견하고 그를 부릅니다. 그러고는 "삭개오야. 거기서 내려와라. 내가 오늘 너희 집에서 자겠다."며 그의 집을 방문하기로 합니다.

마음속으로 예수를 존경했던 삭개오는 예수의 말을 듣고 무척 기뻤을 겁니다. 그가 환한 표정으로 예수를 맞이했는데, 문제는 사람들의 시선이었습니다. 사람들은 모두 "예수가 죄인의 집에서 하루를 보낸다."며 예수를 비난합니다.

여기서 이해가 안 가는 부분이 있습니다. 세리란 세금을 걷는 공무원입니다. 그런데 사람들은 왜 삭개오를 '죄인'이라고 생각했을까요? 아마 당시 사람들이 세금을 걷는 이들을 그만큼 미워했다는 뜻일 겁니다. 역시 예나 지금이나 세금 내기 좋아했던 사람들은 없나 봅니다.

세금을 미워할 수 없는 이유

물론 열심히 일해서 번 돈을 나라가 가져가면 기분이 좋지만은 않겠죠. 하지만 우리는 생각을 좀 바꿔야 할 필요가 있습니다. 사실 국가가 세금을 걷는 행위는 잘못이 아닐뿐더러, 범죄는 더더욱 아닙니다. 세금을 공평하게 걷어 제대로 쓰기만 한다면 말이죠.

2천여 년 전 이스라엘 국민이 세리를 죄인 취급했던 것은 아마 당시 이스라엘을 지배했던 로마가 가난한 이스라엘 국민으로부터 엄청난 세금을 거둬들였기 때문일 겁니다. 부자인 로마 사람들은 세금을 덜 냈는데, 가난한 이스라엘 국민에게만 세금을 쥐어짜니 국민의 불만이 높아진 거죠.

우리의 돈을
걷어 가다니, 미워!

난 그저 나라에서
시키는 일을 할
뿐이라고…….

다시 한 번 말하지만 세금은 나쁜 게 아닙니다. 세금은 국가가 나라를 경영하는 자원입니다. 우리가 매일 걷는 길, 자동차가 달리는 도로, 지방에 갈 때 타고 가는 기찻길, 우리 동네의 안전을 지키는 경찰서, 나라를 지키는 군대……. 모두 세금으로 운영되는 겁니다. 세금이 없으면 경찰 아저씨도 없을 것이고, 길거리에 도로도 안 깔려 있을 겁니다.

게다가 세금에는 더 놀라운 기능이 있습니다. 바로 잘사는 사람은 더욱 잘살고, 못사는 사람은 더 가난해지는 불평등을 세금이 어느 정도 막아 준다는 것입니다.

　나쁜 세금이 되지 않으려면 두 가지 전제가 필요하다고 했습니다. 하나는 제대로 써야 한다는 것이고, 또 하나는 공정하게 걷어야 한다는 것입니다.

　우리가 사는 세상에는 하루 한 끼 식사도 제대로 못 하는 가난한 사람들이 많습니다. 국민이 생존하는 것은 헌법에도 보장된 기본적 권리입니다. 그런데 춥고 배고파서 죽는 사람들이 나온다면, 그게 정상적인 사회일까요? 절대 아니지요.

　세금은 이런 사람들에게 기본적인 먹을 것과 잘 곳을 제공합니다. 세금을 조금 더 내도 사는 데 아무 지장이 없는 부자들에게서 세금을 좀 더 걷어 가난한 사람을 돕는 겁니다. 이렇게 하면 심하게 차이가 나는 불평등을 어느 정도 줄일 수 있습니다.

공정한 세금이란?

　그래서 세금은 모두에게 똑같이 걷지 않습니다. 공정한 세금이란, 부자에게 조금 더 많이 걷고 가난한 사람에게는 덜 걷는 것입니다. 이건 정말 지극히 당연한 겁니다.

　생각해 봅시다. 도로나 철도, 통신망, 경찰서, 소방서 등 국가가

세금으로 만든 다양한 혜택을 누가 더 많이 누릴까요? 헐벗고 굶주린 노숙자가 더 많이 누리나요? 그렇지 않죠. 돈을 많이 벌고 일도 많은 사람이 더 많이 사용합니다.

세율이라는 용어가 있습니다. 가진 돈의 얼마를 세금으로 내느냐를 나타내는 비율을 뜻합니다. 예를 들어 1,000만 원이 있는데 이 중 100만 원을 세금으로 가져가면 세율은 10%이지요.

여기서 주의해야 할 점은 부유한 사람과 가난한 사람에게 적용하는 세율이 완전히 다르다는 점입니다. 소득세를 예로 들어 볼까요? 소득세란, 돈을 벌면 그 소득 금액에 따라 일정한 액수를 국가에 내는 세금입니다. 이때 1년에 1,200만 원 이하로 버는 사람들의 세율은 6%이지만, 1억 원이 넘는 사람들의 세율은 35%입니다. 이처럼 많이 벌수록 더 높은 세율을 매기는 것이지요.

직접세와 간접세, 그 미묘한 차이

세금의 종류를 조금 더 알아볼까요? 세금은 돈을 내는 주체에 따라 크게 '직접세'와 '간접세'로 구분됩니다. 직접세는 말 그대로 정부가 세금을 내는 사람으로부터 직접 걷는 세금입니다. 반면 간접세는 정부가 세금을 내는 사람에게 직접 세금을 받지 않고, 한 다리 건너서 다른 사람을 통해 걷는 세금입니다.

앞에서 살펴본 소득세가 대 표적인 직접세입니다. 여러분 의 부모님이 월급을 받으면 정 부는 부모님 돈의 일부를 세금 으로 직접 가져갑니다. 직접 걷어 가니 직접세, 어렵지 않지요?

두분 모두 세금은 10%씩.

윽, 부자랑 나랑 똑같은 금액의 세금을 내다니!

간접세라 어쩔 수 없단다.

그럼 간접세는 어떤 걸까요? 예 를 들어 여러분이 식당에서 돈가 스를 사 먹었다고 칩시다. 돈가스 의 원래 가격이 8,000원이라면 여러분은 그 8,000원에 10%의 세금을 붙여 8,800원을 내야 합니다. 그런데 이 세금은 여러분이 직접 정부에 내는 게 아니죠. 세금을 받는 사람은 정부가 아니라 돈가스집 사장입 니다. 나중에 정부는 여러분이 이런 세금을 얼마나 냈는지 확인하고, 돈가스집 사장에게 "손님에게 받은 세금을 내놓으시오."라고 요청하 는 겁니다. 여러분이 낸 세금을 돈가스집 사장이 대신 간접적으로 내 주니 간접세라는 이름이 붙는 거죠.

이처럼 소비자는 물건을 사거나 서비스를 이용할 때 가격의 10%를 세금으로 냅니다. 이런 세금을 부가 가치세라고 하지요. 이것이 바로 대표적인 간접세입니다.

'나는 그런 세금을 낸 적이 없는데?'라고 생각하나요? 아닙니다. 여 러분이 지금까지 모르고 있었을 뿐이죠. 공책 한 권을 사도 부가 가치 세가 붙습니다. 공책 가격이 1,000원이었다고요? 영수증을 잘 살펴보세요. 여러분이 낸 1,000원 중에 10%의 부가 가치세가 이미 포함되어 있던 겁니다.

그런데 이 직접세와 간접세는 국가 경제에 미묘한 차이를 가져다줍니다. 앞에서 우리는 세금은 공평하게 걷어야 한다고 했고, 그 공평함이란 똑같이 세금을 내는 것이 아니라 부자에게는 좀 더 많이 걷고 가난한 사람에게는 좀 덜 걷어야 한다는 점을 배웠죠. 그래야 세금이 부자와 가난한 자의 경제적 차이, 즉 빈부 격차를 줄이는 역할을 하는 겁니다.

직접세는 이런 역할을 아주 충실히 합니다. 많이 번 사람에게는 높은 세율을 매기고, 적게 번 사람에게는 낮은 세율을 적용하니까요.

반면 간접세는 어떤가요? 모든 국민이 똑같이 물건 가격에 10%를 냅니다. 돈을 많이 버는 대기업 사장도, 용돈 받아 생활하는 학생도, 1,000원짜리 껌을 살 때는 100원이라는 똑같은 금액을 냅니다. 돈가스집 사장이 손님에게 "손님, 부자이신가요? 그렇다면 세금 더 내셔야 합니다!"라고 말할 순 없으니까요.

그래서 간접세는 빈부의 격차를 줄이는 역할을 하지 못합니다. 세금이 빈부의 격차를 줄이는 역할을 충실히 하기 위해서는 직접세의 비중을 높이고 간접세는 낮춰야 합니다.

10

하나를 **얻으면** 하나를 **잃는다**

▶ 트레이드오프

교과 연계
초등 6학년 1학기 사회 2. 우리나라의 경제 발전
중학 사회② 11. 국민 경제와 경제 성장

추운 겨울. 따뜻하게 입고 나가려고 보니 옷이 너무 두꺼워져서 뚱뚱해 보입니다. 반대로 예쁘고 멋있는 옷으로 옷맵시를 살리려고 보니 얇아서 추울 것 같네요. 따뜻함을 선택하자니 옷이 안 예쁘고, 옷을 차려입으려고 하니 따뜻하지가 않네요. 하나를 얻으면 하나를 잃어야 하는 상황입니다.

경제학에도 이런 관계에 놓인 것들이 있습니다. 대표적인 것이 물가와 실업률이지요. 이 둘은 어쩌다 이런 관계가 된 것이지 알아봅시다.

99

뱃살과 입맛, 화해할 수는 없을까?

어느 날 친구가 저를 보더니 대뜸 그러더군요.

"너, 요즘 데이트 좀 해야겠다."

엥? 나이가 마흔이 한참 넘은 중년의 아저씨에게 웬 데이트? 놀란 표정을 지으니 그 친구가 황급히 이렇게 말합니다.

"아, 미안, 헷갈렸다. 데이트가 아니고 다이어트 말이야. 다이어트!"

이런, 헷갈릴 걸 헷갈려야죠. 그 친구는 중학교 시절부터 데이트, 다이어트, 다이너마이트 이 세 단어가 헷갈렸다고 하더라고요.

그런데 친구 이야기를 듣고 나니 반성이 좀 되긴 하더군요. 당시에 '맛집' 찾아다니는 재미에 푹 빠져 이것저것 맛있는 음식을 많이 먹고 다녔거든요. 당연히 살이 찔 수밖에요. 아, 이것 참 갈등이군요. 다이어트를 위해 맛집을 포기하자니 혀가 울고, 맛있는 음식을 위해 다이어트를 포기하자니 점점 늘어지는 뱃살이 나를 울리는군요. 도대체 어찌해야 한단 말입니까!

얻는 것이 있으면 잃는 것이 있다

이번에 배울 경제학 용어는 '트레이드오프(trade off)'입니다. 트레이드오프는 하나를 얻으면 반드시 하나를 잃어야 하는 관계를 뜻합니다. 어떤 예가 있을까요? 아하! 앞에서 언급한 다이어트와 맛있는 음식이 바로 그런 관계로군요. 맛을 추구하는 사람은 멋을 추구하기 어렵습니다. 살이 찌니까요! 그 대신 멋을 추구하는 사람은 맛을 포기해야 합니다. '몸짱'이 되기 위해서는 맛없는 닭 가슴살만 먹고 피눈물 나는 데이트를, 아니 다이어트를 해야 하는 겁니다.

몸짱이 되려면 참아야해!

이런 예도 있습니다. 달걀 중에는 '왕란'이라는 게 있습니다. 일반 달걀보다 훨씬 큰 달걀이지요. 왕란을 낳는 닭은 일반 닭과 품종이 좀 다릅니다. 그러면 그냥 왕란 낳는 닭만 기르면 더 좋지 않을까요? 같은 값이면 달걀이 큰 게 좋잖아요?

그런데 이것도 쉬운 문제가 아닙니다. 왕란을 낳는 닭에서 나오는 알의 숫자는 일반 닭에 비해 적습니다. 낳는 달걀 숫자가 똑같다면 당연히 왕란을 낳는 닭을 키워야죠. 하지만 이 닭을 키우면 달걀은 커져도, 생산되는 달걀의 양이 적어집니다. 달걀의 크기와 달걀의 숫자는 일종의 트레이드오프 관계인 셈이지요. 그래서 큰 달걀을 얻기 위해서는 달걀의 수를 포기해야 합니다. 하나를 얻으면 하나를 잃을 수밖에 없는 슬픈 상관관계, 이것이 바로 트레이드오프입니다.

물가와 실업률, 풀리지 않는 숙제

경제학에서 트레이드오프 때문에 제일 골머리를 앓는 분야가 바로 물가와 실업률입니다. 갑작스러운 물가 상승은 경제학에서 많은 사람을 괴롭히는 아주 안 좋은 현상입니다. 월급은 매달 100만 원으로 고정돼 있는데, 쌀값 오르고 치킨값 오르고 기름값 오르면 월급 받고 사는 사람들은 허리가 휘지요.

그럼 실업률은 어떨까요? 실업률은 실업자, 즉 한 나라에서 직업이 없는 사람이 어느 정도나 되는지를 나타내는 비율입니다. 실업률이 높아졌다는 것도 당연히 안 좋은 일입니다. 돈을 못 버는 사람들이 늘어났다는 건데, 그만큼 나라 전체가 가난해진다는 뜻 아니겠어요? 그래서 물가와 실업률은 모두 낮아지는 게 좋습니다. 하지만 문제는 이 물가와 실업률이라는 두 녀석이 '트레이드오프' 관계에 있다는 것입니다.

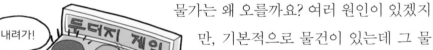

물가는 왜 오를까요? 여러 원인이 있겠지만, 기본적으로 물건이 있는데 그 물건을 사려는 사람이 많아지기 때문에 오르는 것입니다. 물건을 사려는 사람이 많아졌다는 것은 곧 그만큼 세상에 돈이 충분히 많이 돌아다니고 있다는 뜻이기도 하겠네요. 이런 현상을 "통화

104

량(通통할 통, 貨재물 화, 量헤아릴 량)이 증가했다."라고 말합니다. 경제학에서의 통화량이란 전화 통화의 양을 말하는 게 아니고 '시중에 유통되는 화폐의 양'을 뜻합니다.

통화량은 나라 경제에 어마어마한 영향을 미치는 아주 중요한 요소입니다. 일단 통화량이 늘어나면 기업의 투자가 활발해집니다. 돈이 많으니 기업들이 여기저기 일을 벌이게 되는 것이지요. 투자가 늘어나면 일자리도 늘어납니다. 경기※도 당연히 활성화되겠군요. "오, 그렇다면 통화량이 많아지는 게 좋은 거네요?"라고 물을 수도 있겠군요. 하지만 그렇지 않습니다. 앞에서도 말했듯이 통화량이 늘어나면 물가가 오르는 나쁜 현상이 나타납니다. 경기는 활성화되는 듯 보이지만, 정작 국민들의 실제 삶은 별로 나아지지 않는 경우가 생깁니다. 시중에 돈은 많은데, 물건값도 엄청나게 오르기 때문이지요.

아프리카에 짐바브웨라는 나라가 있습니다. 이 나라 사람들은 기본이 억만장자입니다. 무슨 소리냐고요? 이 나라는 몇 년 전까지 경기를 활성화한다는 명목으로 통화량을 엄청나게 늘렸습니다. 그 결과 물가

달걀 하나가 33조 달러라고?

몇 년 전까지 짐바브웨에서 사용됐던 돈을 한 번 구경해 보자. 이게 무려 100조짜리 짐바브웨 달러 지폐이다. 100달러도, 100만 달러도, 100억 달러도 아닌, 무려 100조 달러이다. 그런데 더 웃긴 건 당시 이 나라에서 달걀 하나 가격이 33조 달러였다는 것이다. 짐바브웨에서는 월급으로 100조 달러를 받아도 달랑 달걀 세 개밖에 못 사 먹는 현상이 생긴 것이다.

※ **경기** 물건을 사고팔 때 나타나는 경제 활동 상태

가 상상을 초월할 정도로 올라 버렸지요. 사람들 호주머니에 돈은 넘치도록 있지만, 그 넘치는 돈보다도 물건 가격이 훨씬 비싸졌습니다. 그래서 사람들은 억만장자인데도 여전히 가난하게 살아가는 웃지 못할 일이 발생했지요.

그래서 정부가 "물가가 너무 올라 안 되겠다. 통화량을 줄여야겠어!"라고 했다고 칩시다. 통화량이 줄어들면 물가는 떨어지겠죠. 하지만 이번에는 다른 문제가 생깁니다. 돈이 없으니 사장님들이 투자를 대폭 줄이게 됩니다. 나라 전체적으로 생산 활동이 위축되는 거지요. 투자가 줄어드니 일자리 숫자도 당연히 감소하겠군요. 결국 통화량을 줄이면 물가는 잡을 수 있지만, 실업자가 늘어난다는 부작용이 생기게 됩니다.

◀ 조화와 균형의 필요성

이처럼 물가와 실업률은 피차 함께 낮아질 수 없는 숙명을 안고 있습니다. 물가를 잡으

려고 정부가 돈줄을 죄면, 경기가 나빠져 실업자가 늘어납니다. 반대로 경기를 좀 살리겠다고 돈을 마구 풀어대면, 투자가 늘어나고 기업 활동이 활발해져 실업자는 줄어듭니다. 하지만 물가가 오르는 부작용이 생기지요. 그래서 물가와 실업률의 관계를 '트레이드오프'라고 부르는 겁니다.

　그렇다면 도대체 어떻게 해야 국민들이 좀 편하게 잘 살 수 있을까요? 물론 정부가 정책을 잘 정하는 것이 중요하겠지요. 통화량을 결정하는 곳은 정부입니다. 돈을 어느 정도 찍어 낼지를 결정할 권한이 정부에 있는 것이지요.

　예를 들어 경제가 좀 안 좋으면 정부는 물가가 오를 것을 각오하고 돈을 더 찍어야 합니다. 또 고속 도로를 짓거나 철도를 늘리는 등 정부가 돈을 써 가며 하는 사업도 확대합니다. 정부가 지출을 늘리면 당연히 시중에 풀리는 돈도 많아질 테니까요.

　반대로 물가가 너무 올랐다 싶으면 이번에는 정부가 통화량을 줄여야 합니다. 정부 지출을 줄이는 대신 세금을 높이는 등의 방법으로, 시중에 유통되는 돈을 정부 쪽으로 흡수하는 거지요. 당연히 돈은 더 안 찍어 내야 하고요.

　중요한 것은 이 두 가지 정책을 상황에 맞게 정부가 '적절히' 잘 구사해야 한다는 것입니다. 이 '적절히'가 매우 어렵습니다. 이 '적절히'를 조절하기 위해 나라에서 제일 똑똑하다는 사람들이 정부에 모여 통화량을 얼마로 할 것인지를 결정하는 겁니다. 그리고 통화량을 '적절히' 잘 조절하는 나라가 안정적으로 잘살게 되고, 그걸 잘 못하면 짐바브웨처럼 되는 겁니다. 경제학이 어려운 이유가, 그리고 트레이드 오프 관계를 잘 파악해야 하는 이유가 바로 여기에 있답니다.

11

빚을 제때 갚을 수 없다는 선언

모라토리엄

교과 연계
초등 5학년 1학기 사회 3. 우리 경제의 성장과 발전
중학 사회② 12. 국제 경제와 세계화

국가나 지방 자치 단체는 국민이 내는 세금으로 여러 영역의 사업을 해 나갑니다. 여기서 부족한 비용은 국제 금융 시장에서 어느 정도 빌리기도 하지요. 돈을 빌릴 때는 언제까지 갚아야 한다는 상환일이 정해져 있습니다. 만약 이 상환일에 맞춰 돈을 갚지 못하게 되면 '모라토리엄'을 선언하게 됩니다. 이 선언을 하고 나면 어떤 일이 벌어질까요?
엉뚱이와 똘똘이의 돈 문제를 통해 모라토리엄에 대해 배우고, 선언 이후에 나타나는 여러 현상에 대해서도 살펴봅시다.

109

그럼 어떻게 되는 건가요? 돈을 못 갚으면 감옥에 보내야 하는 거 아니에요?

감옥?

하하, 어떻게 될 것 같니?

감옥 무섭다……

국가나 지방 자치 단체가 모라토리엄을 선언할 경우, 감옥에 보내진 않지만

모라토리엄

↑시간

↓이자

금융 기관들은 보통 빚 받을 날짜를 늦춰 주고 이자도 좀 깎아 준단다.

봐! 연기해 준다잖아!

하지만 대가가 따르지.

어떤 대가요?

111

하늘을 향한 인류의 도전

옛날 옛적 인류는 탑을 쌓기로 합니다. 이름하여 바벨탑. 사람들은 그 탑을 하늘 끝까지 닿게 해, 인류가 결코 신에 뒤처지는 존재가 아니라는 사실을 과시하려고 합니다. 신에 대한 도전을 시작한 것입니다. 신은 이런 인간을 괘씸하게 여깁니다. 신이 가만히 지켜보니 인간은 하나의 언어로 의사소통을 하고 있었습니다. 그래서 신은 결단을 내립니다. 인류가 또다시 신에게 대들지 못하도록, 아예 그들의 말을 뒤섞어 놓아 서로 알아듣지 못하게 만들어 버린 것입니다. 어느 날 갑자기 쓰는 말이 달라진 인류는 혼돈에 빠집니다. 그리고 결국 신을 향한 도전이었던 '바벨탑 프로젝트'를 포기하고 뿔뿔이 흩어지고 말지요.

이 일화는 성경에 등장하는 '바벨탑 신화'로 불리는 이야기입니다. 바벨탑을 쌓다가 인류의 언어가 달라졌다는 이야기는 역사적 사실이라기보다 일종의 신화에 가깝습니다. 하지만 역사학자들은 바벨탑이라는 건축물이 실제로 있었을 가능성이 높은 것으로 추정합니다.

그리고 수천 년의 세월이 흘렀습니다. 인류는 새로운 도전을 시작합니다. 도전은 사막 한복판의 도시 두바이에서 시작됐습니다. 사람들은 다시 하늘을 향해 '21세기형 바벨탑'을 짓기 시작합니다. 높이가 무려 828m, 장장 162층에 이르는 이 건축물의 이름은 '부르즈 칼리파(Burj Khalifa)'였습니다. 인류는 이 새로운 도전에 열광했습니다. 사람들은 이 건물을 일컬어 '사막의 기적'이라 불렀죠.

하지만 이번에도 신은 인류의 도전에 화가 났던 것일까요? 2009년 부르즈 칼리파 건축을 주도하던 도시 두바이는 막대한 빚을 감당하지 못해 휘청거리기 시작합니다. 그리고 그해, 두바이가 선택한 최후의 수단은 바로 "더 이상 제때 빚을 갚을 능력이 없다"고 고백한 모라토리엄(moratorium)이었습니다.

"돈을 제때 못 갚겠다"는 선언, 모라토리엄

모라토리엄이란 국가나 지방 자치 단체가 빌린 돈에 대해 일방적으로 "제때에 돈을 못 갚겠다."라고 선언하는 것을 말합니다.

그런데 이 용어를 이해할 때 주의할 점이 두 가지가 있습니다. 하나는 모라토리엄을 선언하는 주체가 국가나 지방 자치 단체라는 점입니다. 예를 들어 여러분이 친구에게 돈을 빌렸다가 "나는 빚을 제때 못 갚겠어."라고 버티는 것은

모라토리엄이 아닙니다. 그런 건 모라토리엄이라고 부르지 않고 그냥 '친구를 배신한 행위'라고 합니다. 모라토리엄은 국가나 지방 자치 단체가 이런 선언을 했을 때에만 사용되는 용어입니다. 부르즈 칼리파를 짓다가 모라토리엄을 선언한 곳은 바로 두바이 시였습니다.

빛을 제때 못 갚겠습니다.

정부 금고

빛을 제때 못 갚는 곳이 국가나 지방 자치 단체뿐이 아닐 텐데, 유독 이들을 콕 집어서 모라토리엄이라는 용어를 붙인 이유가 뭘까요? 생각해 보세요. 국가나 지방 자치 단체는 기본적으로 아주 탄탄한 수입이 있습니다. 국민과 시민으로부터 세금을 꼬박꼬박 걷고 있으니까요. 그래서 국가가 "빛을 제때 못 갚겠다"고 선언하는 것은 극히 드문 일입니다. 이 특이한 현상을 가리키기 위해 '모라토리엄'이라는 용어를 사용하는 것입니다.

두 번째 주의할 점. 모라토리엄은 빛을 '제때' 못 갚겠다는 선언입니다. 빛을 '절대' 못 갚겠다는 선언이 아니라는 것이지요. 둘의 차이가 이해되나요? '제때' 못 갚겠다는 것은 "시간은 좀 걸리겠지만 언젠가는 갚을 수 있어."라는 뜻이 강합니다. 반면 '절대' 못 갚겠다고 말을 한다면 이는 "배 째! 나는 빈털터리여서 갚을 돈이 없어!"라는 막무가내 선언입니다. 이때 전자를 모라토리엄이라고 부르는 반면, 후자는 파산,

혹은 '디폴트(default)'라는 다른 용어를 사용합니다. 그러니까 모라 토리엄이 결코 좋은 것은 아니지만, 적어도 파산이나 디폴트 상태는 아닌, 즉 빚을 갚을 가능성은 남아 있는 상태인 셈입니다.

모라토리엄 선언 후 남는 것들

여러분이 빚을 받을 사람이라고 한번 가정해 보지요. 돈을 빌려 주고 오늘까지 받기로 했는데, 상대방이 "돈을 제때 못 갚겠다"고 선언해 버렸습니다. 이런 황 당한 일이! 이럴 때에는 도대체 어떻게 해야 할까요?

상대가 약속을 어겨서 화가 나지요? 그러니까 돈 빌린 쪽을 찾아가 마구 때려 줄까요? 하지만 이는 현명한 행동이 아닙니다. 물론 그렇게 하면 기분은 좀 풀릴지 모르죠. 하지만 기분이 밥 먹여 주는 게 아니잖아요? 마구 때린 뒤에 남는 것은 나의 텅 빈 호주머니뿐일 테니까요.

그렇다면 어떻게 하는 것이 현명할까요? 어떻게 해서든 빚을 진 쪽 이 다시 일어설 수 있도록 잘 도와서, 빚을 갚을 수 있도록 만들어 주는 것이 현명한 겁니다. 돈을 홀라당 떼먹힐 수는 없는 노릇이니까요.

그래서 어떤 국가가 모라토리엄을 선언하면, 그 국가에 돈을 빌려 준 세계 여러 금융 기관들은 그 국가가 어떻게 해서든지 다시 일어설

수 있도록 도와줍니다. 빚 갚을 날짜도 좀 넉넉하게 다시 정해 주고, 이자도 좀 깎아 주는 식으로요.

자, 이번에는 반대로 여러분이 돈을 빌린 국가라고 생각해 보지요. 모라토리엄을 선언하면 빚 갚는 날짜도 연기해 주고, 이자도 깎아 준다고요? 얼쑤! 그것참 신 나는 일이군요. 그러면 여차하면 대충 모라토리엄 선언해 버리고 "배 째!" 하고 나오면 속 편할 수도 있겠네요?

그런데 그게 또 그렇지가 않습니다. 세상에는 공짜란 없는 법이니까요. 아무리 이자를 깎아 주고 빚 갚을 날짜를 연기해 준다고 해도, 그 돈은 언젠가 갚아야 하는 것입니다. 게다가 한 번 모라토리엄을 선언해 버리면 그 나라는 "쟤들은 빚도 못 갚는 빌빌대는 나라야."라는 비난을 받습니다. 국제 사회에서 신뢰를 완전히 잃는 것이지요.

또 빚 받을 금융 기관들이 이 나라를 가만히 놔두지 않습니다. 그들의 목적은 오로지 빚을 받아 내는 거지요. 이를 위해 금융 기관들은 모라토리엄을 선언한 나라에 각종 요구를 합니다. "세금 더 걷어라. 몇몇 기업들을 빨리 팔아서 돈 마련해라." 하는 식으로 말이지요. 빚을 갚을 의무가 있는 나라는 이런 요구를 거절할 수 없습니다. 따라서 모라토리엄을 선언한 국가는 그야말로 경제 주권을 고스란히 빚쟁이들에게 넘겨주게 됩니다. 국가의 중요한 기능 중 상당 부분을 잃는 창피함을 당하게 되는 것이지요.

신문을 열심히 읽은 독자라면 최근 3, 4년 사이 유럽 국가들이 빚을 못 갚아 허덕인다는 뉴스를 본 기억이 있을 것입니다. 유럽 몇몇 국가들이 흥청망청 각종 사업을 벌이다 실패해 빚을 못 갚을 위기에 처한 것이지요. 특히 그 가운데 러시아와 그리스는 모라토리엄을 선언할 가능성이 가장 높은 나라로 평가받습니다. 하지만 이 결정이 말처럼 쉽지 않습니다. 이것은 국가의 운명이 걸린 일이기 때문입니다. 모라토리엄을 선언하자니 국가의 경제 주권이 고스란히 넘어갈 수 있고, 선언을 안 하고 버티자니 빚을 갚을 돈이 없고……. 진퇴양난※에 빠진 셈이지요.

모라토리엄은 이처럼 국가의 운명을 좌우하는 중요한 선언입니다. 적어도 국민을 보호할 책임이 있는 국가라면, 모라토리엄을 선언할 것이냐 말 것이냐 하는 상황에 빠지지 않도록 평소에 돈 관리를 잘해야 한다는 것입니다.

※ **진퇴양난** 이러지도 저러지도 못하는 어려운 처지

12

유학생의
생활비가
들쭉날쭉한 이유

환율

교과 연계
초등 6학년 1학기 사회 2. 우리나라의 경제 발전
중학 사회② 12. 국제 경제와 세계화

우리나라의 화폐 단위는 원화입니다. 그래서 백 원, 천 원, 만 원 등으로 적지요.
다른 나라도 각 나라마다 화폐를 세는 단위가 있습니다. 예를 들어 미국은 달러,
일본은 엔화, 유럽 연합국은 유로라고 적지요.
우리나라 원화를 다른 나랏돈으로 바꿀 때 가장 먼저 확인해야 할 것이 있어요.
바로 '환율'이에요. 예를 들어, 요즘 미국 돈 1달러를 갖기 위해서는 우리나라 돈
1,200원 정도가 필요해요. 세계의 돈의 가치가 환율에 따라 달라지기 때문이에
요. 환율은 세계 경제의 흐름에 따라 매일매일 조금씩 바뀌어요. 알쏭달쏭한 환
율의 세계를 함께 살펴볼까요?

119

한국 돈과 미국 돈을 바꾸는 비율은 '원-달러 환율'이라고 하고.

예를 들어 원-달러 환율이 1,100원 이라면, 1달러를 받기 위해서 우리 돈 1,100원을 내야 한다는 뜻이야.

₩1,100 = 1$

그런데 환율이 1,100원에서 1,500원으로 올랐다고 하면,

₩1,500 = 1$

1달러를 얻기 위해 써야 하는 돈이 1,100원에서 1,500으로 늘어나는 거지. 과거보다 400원 이나 더 들어가는 셈이야.

환율이 오르면 달러가 필요한 사람은 부담이 늘어나게 된단다.

그래서 엉뚱이 아버님께서 요즘 힘이 드시나 보다.

선생님, 그러면 환율이 다시 내리면 아빠의 부담이 줄어들겠네요? 형도 돌아올 필요 없고요.

그런 셈이지.

아빠, 제가 신문을 좀 찾아봤는데요. 최근 환율 급등 현상은 일시적인 거래요.

한 1년 정도 지나면 환율이 다시 내릴 수도 있대요. 그러니 아빠가 조금만 더 고생하시면 형은 유학 생활을 더 길게……

엉뚱아. 이미 조금 전에 형이 한국에 도착했단다.

아빠, 저 왔어요!

윽, 한발 늦었다!

‘미친 환율’과 유학생의 눈물

　WBC라는 대회를 아나요? 월드 베이스볼 클래식(World Baseball Classic)이라고도 불리는 이 대회는 쉽게 말하면 야구의 월드컵 같은 대회입니다. 세계에서 야구 좀 한다는 나라들이 모여서 누가 제일 강한지를 겨루는 국제 대회지요.

　2009년에 열린 제2회 WBC 대회에서, 우리나라 팀은 8강에 진출해 멕시코와 겨루게 됩니다. 그런데 이날, 텔레비전 카메라에는 눈물겨운 한 장면이 찍힙니다. 미국 샌디에이고 경기장의 관중석에 앉아 있던 한 한국 유학생이 커다란 글씨로 쓴 팻말※을 번쩍 치켜든 것입니다. 그 팻말에는 이런 문구가 적혀 있었습니다.

　“제발 환율 좀 내려라!”

돈과 돈을 바꾸는 비율

　환율(換바꿀 환, 率비율 율)이란 한 나라의 돈을 다른 나라의 돈으로 바꿀 때의 비율을 뜻합니다. 예를 들어 한국에서는 ‘원’을 쓰고, 미국에서는 ‘달러’를 쓰지요? 한국 돈은 한국에서만 쓰는 겁니다. 미국 햄버거 가게에서 1만 원짜리 지폐를 내고, 돈을 냈으니 햄버거를 달라고 우겼다

※ **팻말** 주변이나 다른 사람에게 알리기 위해 글을 써 놓은 조각

가는 이상한 놈 취급받습니다.

우리가 미국에서 돈을 쓸 때는 한국 돈을 미국 돈으로 바꿔야 합니다. 이때 한국 돈 '원'과 미국 돈 '달러'를 바꾸는 비율을 '원-달러 환율'이라고 부릅니다. 마찬가지로 한국 돈 '원'을 일본 돈(엔)으로 바꿀 때의 비율은 '원-엔 환율'이 되는 겁니다. 그럼 우리 돈 '원'을 유럽 돈(유로)으로 바꾸는 비율은 '원-유로 환율', 우리 돈 '원'을 필리핀 돈(페소)으로 바꾸는 비율은 '원-페소 환율'이 되겠군요.

꼭 우리 돈만 다른 나라 돈으로 바꾸라는 법이 있나요? 만약 일본에서 마음씨가 좋기로 유명한 내벤또 니까무라 씨가 일본 돈 '엔'을 미국 돈 '달러'로 바꾸려고 한다면요? 이때는 엔-달러 환율이 적용되는 겁니다.

그런데 여기서 한 가지 알아 둬야 할 점이 있습니다. 예를 들어 '원-

달러' 환율을 계산할 때, 기준이 되는 돈은 우리 돈 '원'이 아니고 외국 돈 '달러'라는 점입니다. 이게 무슨 말이냐 하면, 환율을 계산할 때 "한국 돈 1원은 미국 돈 얼마로 바꿔 주나요?"라는 식으로 계산하지 않고 "미국 돈 1달러는 한국 돈 얼마로 바꿔 주나요?"라는 식으로 계산을 해야

한다는 뜻입니다. 환율 문제를 접할 때 숫자를 헷갈리지 않으려면, 기준이 '우리 돈' 1원이 아니라 바로 '외국 돈' 1단위라는 사실을 꼭 머릿속에 넣어 두세요.

　이 기준으로 '원-달러 환율'을 살펴봅시다. 2020년 7월 원-달러 환율은 대략 1,200원 정도 됩니다. 이게 무슨 뜻일까요? 원-달러 환율은 '미국 돈 1달러를 한국 돈 얼마로 바꿔 주느냐?'로 계산한다고 했지요? 즉 환율이 1,200원이라는 것은 '미국 돈 1달러를 내면 한국 돈 1,200원을 준다', 다시 말해 '미국 돈 1달러를 얻기 위해서는 한국 돈 1,200원을 내야 한다'는 뜻입니다.

환율은 변한다

　문제는 환율이 시시각각 변한다는 데 있습니다. 두 나라의 경제 사정에 따라, 혹은 국제 정세에 따라 돈을 바꾸는 비율이 그때그때 달라집니다. 잘 아시다시피 우리나라는 수출도 많이 하고 수입도 많이 합니다. 이 때문에 우리나라에서 환율은 아주 중요합니다. 워낙 외국과 장사를 많이 하다 보니 돈 바꾸는 비율이 조금만 변해도 나라 경제 전체가 흔들흔들하는 거지요.

　예를 들어 봅시다. 원-달러 환율이 지금은 대략 1,200원인데, 어떤 이유로 1,500원으로 훌쩍 올랐다고 칩시다. 어떤 현상이 생길까요? 예전에는 1,200원만 줘도 1달러를 챙길 수 있었습니다. 그런데 환율이 오르면 옛날에 비해 무려 300원이나 더 내야 1달러를 받을 수 있습니다. 달러가 필요한 사람들 입장에서는 미치고 환장할 노릇이지요.

처음에 예를 들었던 2009년 미국 유학생들이 바로 이런 고통을 겪었던 사람들입니다. 당시 환율이 실제로 1,100원대에서 1,500원대까지 치솟았습니다. 생각해 보세요. 유학생들이 미국에서 생활할 때 쓰는 돈은 어디서 나는 걸까요? 그게 다 학생들 부모님이 한국에서 피땀 흘려 벌어서 보내 준 돈이겠지요? 유학생들이 한 달 평균 2,000달러를 쓴다고 치면 환율이 1,100원이었던 시절에는 220만 원만 있으면 2,000달러를 보낼 수 있었습니다. 하지만 환율이 1,500원이 되면 2,000달러를 얻기 위해 300만 원이 필요합니다. 무려 80만 원이 더 필요해진 것이지요. 유학생들이 "제발 환율 좀 내려라!"라고 외친 이유가 여기에 있습니다.

> 환율이 올랐네.
> 1달러를 보내려면 400원을 더 내야 하는구나.

환율에 울고 웃는 사람들

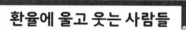

환율이 오르면 이처럼 슬픈 사람들만 생길까요? 그렇지 않습니다. 행복에 겨운 사람들도 생겨납니다. 예를 들어 물건을 만들어 외국에 파는 수출업자들이 그런 사람들이지요.

내가 스마트폰을 만들어 미국에 수출하는 사람이라고 칩시다. 미국에서의 스마트폰 가격이 1,000 달러라고 가정해 보지요. 환율이 1,200 원이었을 때 나는 스마트폰 한 대를 팔면 우리 돈으로 120만 원을 손에 쥡니다. 그런데 환율이 1,500원으로 뛰면요? 나는 아무 생각 없이 스마트폰만 열심히 팔았는데, 내 손에

들어오는 한국 돈은 120만 원이 아니라 150만 원으로 늘어납니다. 환율이 올라 1달러를 내면 1,500원이나 주기 때문이지요. 이러니 신이 날 수밖에요.

이처럼 원-달러 환율이 오르면 유리해지는 사람도 있고 불리해지는 사람도 있습니다. 쉽게 설명하면 '달러를 써야 하는 사람'은 불리해지고, '달러를 벌어들이는 사람'은 유리해지는 겁니다.

상식적으로 생각해 보면 이해가 쉽습니다. 유학생은 달러를 써야 하 는 사람이지요? 앞에서 살펴봤듯이 유학생은 환율이 오르면 불리해집니다. 또 외국에서 물건을 수입하는 사람은 어떨까요? 수입을 하려면 당연히 달러가 필요하겠지요? 따라서 수입업자들도 달러를 써야 하는 사람이니 환율이 오르면 울상을 짓겠군요.

반대로 수출업자는 달러를 벌어들이는 사람이지요? 이 사람은 평소 대로 1달러를 벌면 얻을 수 있는 한국 돈이 1,200원에서 갑자기 1,500

원으로 늘어납니다. 행복한 세상이 펼쳐지는 거지요.

이 상식만 알아 두면 반대의 경우도 충분히 이해가 될 겁니다. 원-달러 환율이 내리는 경우를 생각해 보지요. 환율이 1,200원에서 갑자기 800원으로 뚝 떨어졌다고 칩시다. 이때에는 아까와는 정반대로 '달러를 써야 하는 사람'이 유리해지고, '달러를 벌어들이는 사람'이 불리해집니다.

달러를 써야 하는 유학생은 예전(1,200원)보다 훨씬 적은 돈(800원)만 내도 1달러를 얻을 수 있으니 신이 나겠군요. 반대로 달러를 버는 수출업자는 똑같이 열심히 물건 팔아 1달러 벌었는데, 손에 쥐는 한국 돈이 1,200원에서 800원으로 줄어드니 속상한 겁니다. 이해가 되나요?

이처럼 환율의 변동은 외국 돈을 쓰거나 벌어들이는 사람들에게 아주 민감한 문제랍니다.

- **간접세** : 정부가 세금을 걷을 때, 세금을 내는 사람에게 직접 받지 않고 한 다리 건너서 다른 사람을 통해 걷는 세금이다. 간접세는 빈부 격차에 따라 다르게 걷을 수 없기 때문에 직접세보다 비중이 낮아야 한다. 대표적인 간접세로 부가 가치세가 있다.

- **경기** : 물건을 사고팔 때 나타나는 경제 활동 상태를 뜻한다. 이때 경기가 좋은 상태를 호황 또는 호경기라고 하고, 경기가 나쁜 상태를 불황 또는 불경기라고 한다.

- **경제 협력 개발 기구(OECD)** : 여러 선진국이 모여 세계 경제 성장과 활발한 무역 거래를 위해 노력하고, 개발 도상국을 돕는 국제기구이다. 가입국은 우리나라를 비롯하여 미국, 독일, 프랑스, 일본, 호주 등 총 37개국이 있다. 1961년에 만들어졌으며, 우리나라는 1996년에 회원국으로 가입했다.

- **경제학** : 돈의 흐름을 연구하는 학문이다.

- **계획 경제** : 시장 경제와 반대되는 개념으로, 모든 경제 활동 계획을 정부가 세우는 경제 체제이다. 즉, 생산량과 공급량이 정부에 의해 정해지고 나누어진다. 북한, 쿠바, 중국 같은 사회주의 국가에서 주로 사용했으나, 현재는 비효율적인 부분 때문에 부분적으로 시장 경제를 도입하고 있다.

- **공급** : 상품을 팔 의지를 뜻하며, 상품이 있거나 혹은 상품을 만들 능력도 갖추고 있어야 한다. 보통 수요와 정반

대로 움직인다.

- **공정 거래 위원회** : 공정한 경제 활동을 위해 만들어
진 기구이다. 국민 생활에 피해를 주거나 시장 경제
질서를 어지럽히는 등 공정 거래법을 위반한 기업
이 없는지 감시한다.

- **구조 조정** : 기업의 사업 구조나 조직 구조의 기능을 더 효율적으로 만들기 위해
조정하는 것이다. 주로 회사 사정이 좋지 않을 때, 정상적인 경영 상태로 만들기
위하여 실시한다.

- **규제** : 규칙이나 규정에 의해 일정한 선을 넘지 못하게 막는 것을 뜻한다. 특히
국민과 기업의 경제 활동에 제한을 가하는 규제를 '경제적 규제'라고 한다.

- **균형 가격** : 수요와 공급이 정확히 같아졌을 때 정해지는 가격을 뜻한다.

- **금융 기관** : 예금을 통해 모은 돈으로 기업이나 개인에게 돈을 빌려 주거나 투자
등을 하는 기관이다. 일반 은행, 농협, 수협, 보험 회사, 증권 회사 등이 이에 속
한다.

- **기펜재** : 가격이 내릴수록 수요가 적어지는 물건이다. 영국의 경제학자 기펜이
발견한 것으로, 보통 물건의 가격이 내리면 수요가 많아져야 하는데, 기펜재는
예외의 현상을 보인다.

- **대체재** : 서로 대신 사용할 수 있는 관계의 두 가지 물건이다. 하나가 잘 팔리면
다른 것은 잘 안 팔리기 때문에 경쟁 관계에 있다. 따라서 '경쟁재'라고도 하며,
주로 속담 중 '꿩 대신 닭'에 비유된다.

- **독점** : 경쟁 상대가 전혀 없는 단 하나의 기업이 생산과 시장을 지배하여 이익을 홀로 차지하는 현상을 말한다.
- **디폴트** : 국가나 지방 자치 단체가 금융 기관으로부터 빌린 돈을 갚지 못한다는 것을 선언하는 것이다. 갚을 의사와 능력이 모두 없는, 즉 국가 파산 상태를 말한다.
- **모라토리엄** : 국가나 지방 자치 단체가 금융 기관으로부터 빌린 돈을 정해진 날에 못 갚고, 일정 기간 늦추는 것을 뜻한다. 즉, 갚을 의사는 있지만 능력이 없어서 늦게 갚겠다고 선언하는 것이다.
- **무역** : 나라와 나라 사이에 서로 물품이나 서비스를 사고 파는 일이다.
- **물가** : 물건의 값을 뜻하며, 상품이나 서비스의 가치를 종합적으로 본 개념이다.
- **배당** : 주식회사가 번 돈을 주주들에게 나눠 주는 것이다.
- **보완재** : 동시에 사용하면 얻을 수 있는 만족이 매우 커지는 두 물건이다. 하나가 잘 팔리면 다른 하나도 더불어 잘 팔리기 때문에 도움을 주고받는 관계이다. 따라서 '협동재'라고도 하며, 주로 '바늘과 실'에 비유된다.
- **부가 가치세** : 상품이나 서비스 가격에 포함된 세금이다. 줄여서 '부가세'라고 하며, 가격 속에 10%가 미리 포함된 경우가 많다. 누구나 똑같은 금액을 내며, 대표적인 간접세이다.
- **브랜드** : 어떤 상품이나 회사를 나타내기 위해 사용하는 기호·문자 등을 뜻한다.

- **빈부 격차** : 돈이 많은 사람과 적은 사람과의 차이를 뜻한다. 자본주의의 가장 큰 문제점으로 지적되고 있으며, 차이를 줄이기 위한 노력으로 직접세의 비중을 확대하는 방법이다.

- **사회주의** : 개인의 재산을 인정하지 않고, 생산 수단을 공공의 것으로 나누는 제도이다.

- **상한가** : 주식이 하루에 오를 수 있는 최고 한도의 가격이다. 우리나라에서는 15%로 제한하고 있다. 반대로 하루에 내릴 수 있는 최저 한도의 가격은 하한가라고 한다.

- **상환일** : 빌린 돈을 갚는 정해진 날짜이다.

- **세금** : 국가나 지방 자치 단체에서 필요한 경비를 마련하기 위해 국민으로부터 강제로 거두는 돈이다. 다른 말로 '조세'라고도 하며, 거두는 방식에 따라 직접세와 간접세로 나뉜다.

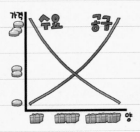

- **소득** : 일을 하거나 투자하여 얻은 수입이다.

- **소득세** : 개인이 벌어들인 돈에 대하여 액수별 기준에 따라 매기는 세금이다.

- **수요** : 물건을 사고자 하는 의지와 능력이 모두 있는 상태를 뜻한다.

- **수요-공급의 법칙** : 수요와 공급에 의해 가격이 변하는 원리이다. 가격이 오를수록 수요는 작아지고 공급은 늘어난다. 반대로 가격이 내려가면 수요는 많아지고,

공급은 줄어든다.

- **수입** : 다른 나라로부터 상품이나 서비스를 사들이는 것이다.
- **수출** : 국내의 상품이나 서비스를 다른 나라에 파는 것이다.
- **시세 차익** : 주식을 처음에 샀던 주가보다 더 높은 주가에 팔았을 경우, 그 가격의 차이로 벌게 된 이익을 뜻하는 말이다.
- **시장 경제** : 수요와 공급에 의해 자연스럽게 가격이 결정되는 경제 체제를 뜻한다. 반대로 수요와 공급에 관계없이 나라에서 모든 것을 결정하는 체제는 계획 경제라고 한다.
- **실업률** : 직업이 없는 사람이 한 나라에 얼마나 있는지 나타내는 비율이다.
- **애그플레이션** : 농산물 가격이 급하게 오르면서, 다른 물가까지 함께 오르는 현상이다. 농업을 뜻하는 애그리컬처와 물가 상승을 뜻하는 인플레이션, 두 단어를 합쳐서 만들었다. 2007년에 영국의 경제 주간지 〈이코노미스트〉가 처음 사용했다.
- **위풍재** : 가격이 비쌀수록 수요가 올라가는 상품을 뜻한다. 수요-공급의 법칙을 벗어나 있다. 예로, 높은 가격의 명품 가방이 있다.
- **유통** : 상품이나 화폐가 경제 활동을 하는 사람들 사이에서 교환되며 이동하는 것이다.
- **예금** : 은행에 돈을 맡기는 것을 뜻한다.
- **이자** : 다른 사람에게 돈을 빌려 쓴 대가로 치르는 일정한 비율의 돈이다.

- **인플레이션** : 물가가 오르고 경제 활동이 활발해지는 현상이다. 줄여서 '인플레'라고도 한다.
- **자본주의** : 생산 수단을 가진 자본가가 이익을 얻기 위해 생산 활동을 하는 것을 보호하는 경제 체제이다.
- **저축** : 돈을 모으는 것을 뜻한다.
- **주가** : 주식의 가격이다.
- **주식** : 주식회사의 자본을 구성하는 단위이다.
- **주식회사** : 주식을 발행하여 여러 사람으로부터 돈을 투자받아 만들어진 회사이다.
- **주주** : 주식회사의 주인이다.
- **직접세** : 대표적인 직접세로 소득세가 있다.
- **진입 장벽** : 다른 새로운 사업자가 사업을 시작하기 어렵게 만드는 요소이다. 진입 장벽이 높을수록 처음에 시작한 사업자가 유리하다.
- **최저 임금 제도** : 노동자들이 노동의 대가로 최소한 얼마를 받아야 하는지 정해 놓은 제도이다.
- **통화** : 각 나라에서 공식적으로 사용하는 돈이다. 유통 화폐의 준말로, 우리나라에는 동전 10원, 50원, 100원, 500원짜리와 지폐 1,000원, 5,000원, 10,000원, 50,000원짜리가 있다.
- **통화량** : 시중에 유통되는 화폐의 양을 뜻한다.

- **투자** : 이익을 얻기 위해 어떤 일이나 사업에 돈을 대거나 시간이나 정성을 쏟는 것을 뜻한다.

- **트레이드오프** : 어떤 것을 얻기 위해 반드시 다른 것을 잃어야 하는 경제 관계를 말한다. 경제학에서는 주로 물가와 실업률의 관계를 가리킨다.

- **하이퍼인플레이션** : 통제되지 않는 인플레이션 상태를 뜻한다. 짧은 시간 안에 물가가 심하게 올라가고, 통화의 가치가 심하게 떨어진다.

- **한국은행** : 우리나라의 중앙은행으로, 화폐의 양을 조절하는 기구이다.

- **화폐** : 사물의 가치를 나타내며, 상품을 교환할 수 있게 하고, 재산을 모으는 수단으로 사용되는 물건이다. 예전에는 가죽, 보석, 농산물 등을 이용했으나, 요즈음은 금속이나 종이로 만든다. 화폐의 모양, 액수, 가치 등은 나라마다 다르다.

- **환율** : 한 나라의 돈을 다른 나라의 돈으로 바꿀 때의 비율을 뜻한다. 우리나라 돈을 미국 돈으로 바꾸는 비율은 '원-달러 환율'이고, 일본 돈으로 바꾸는 비율은 '원-엔 환율'이라고 한다. 환율은 나라의 사정에 따라 시시각각 변한다.

콕 짚어 찾아보기

사회가 쉬워지는 통합교과 정보서

초등학교 선생님이 추천한 책!

참 잘했어요 사회

참 잘했어요 사회 15

내가 타는 차

글 이안 | 그림 박재현

개념·역사·과학·안전·직업 등 다양한 관점으로 차를 바라봐요!

명진이는 교통수단 행사장에서 특별한 친구를 만나요.
자신이 조선 시대 아씨라고 주장하는 예진이에요.
당연히 거짓말일 줄 알았는데, 자동차나 비행기조차
모르는 걸 보면 예진의 말이 진짜 같기도 해요.
두 친구와 함께 교통수단에 대해 알아볼까요?

글 이안 | 그림 박재현 | 감수 초등교사모임 | 값 11,000원

⑪ 내가 입는 옷　⑫ 내가 먹는 음식　⑬ 내가 사는 집　⑭ 함께 사는 동물

재미있는 스토리

쉽고 자세한 설명

서술형 평가에 대비하는 워크북

참 잘했어요 사회 시리즈는 초등 교과 과정에 알맞게 개발한 통합교과 정보서입니다.

1~10권도 재미있고 유익해!